全訂
第2版

実務
戸籍記載の移記

新谷 雄彦 著
Takahiko Niiya

日本加除出版株式会社

全訂第２版　はしがき

戸籍は，人の親族的な身分関係を登録・公証する公文書です。親族的な身分とは，夫婦・親子・兄弟姉妹その他の親族という親族的な関係における地位のことをいいます。また，戸籍は，人の出生から死亡までの経緯を公証するものでもあります。

戸籍は，人が死亡し相続が発生した場合には，相続人が誰であるかを公証するものでもありますから，転籍や養子縁組，また，婚姻等により戸籍の変動があった場合にも，その探索が容易にできるようにその仕組みができています。例えば，転籍の場合，Ａ市からＢ市へ，更にＣ市へ転籍しても，その戸籍の連続性は，戸籍事項欄の記載により明らかになります。また，養子縁組や婚姻によって甲戸籍から除かれて乙戸籍に入籍したというように，入籍，除籍という方法により容易に探索ができ，養子離縁や離婚により元の戸籍に戻ったか，又は新たに戸籍を編製したかについても同様に探索ができるように工夫がされています。

戸籍は，人の一生の身分関係を証明するものですから，全国統一した戸籍の取扱いをすることが大切です。そのため，戸籍用紙は，明治19年内務省令第22号戸籍取扱手続制定以来，規格及び様式が統一され，さらに，人の出生から死亡までを戸籍でたどる工夫がされた，統一した基本的な記載例も示されています。また，平成６年法律第67号により，戸籍事務を電子情報処理組織によって取り扱うことができるとされましたが，この場合においても，統一した仕様書に基づき，市区町村長が使用する電子情報処理組織が備えるべき技術的基準を示し，戸籍及び除かれた戸籍の記録の保全及び保護に必要な措置についても統一が図られています。

さらに，戸籍は，人の一生の身分関係を証明するものであり，全ての身分関係を登録・公証することとしていますから，管外転籍等により新たに戸籍を編製する場合，又は養子縁組や婚姻等により他の戸籍に入籍する場合には，その戸籍に全ての身分事項を移記していくのが本来のあり方でしょうが，本人にとっては移記されたくない身分事項もありますし，戸籍事務を戸籍用紙を用いて処理していた当時は，戸籍記載の経済性からも全ての身分事項を移記するのも大変な労力を要するということもありました。

このようなことから，現行の戸籍法施行規則は，管外転籍等により新たに戸籍を編製する場合，又は養子縁組等により他の戸籍に入籍する場合には，従前戸籍の戸籍事項欄及び身分事項欄に記載がある一定の事項については，これを記載（移記）しなければならないと規定し，併せて記載（移記）を不要とする事項をも明らかにしています。

本書は，管外転籍等により新たに戸籍を編製する場合，又は養子縁組等により他の戸籍に入籍する場合の移記に関する戸籍事務の取扱いの変遷の概略を説明するとともに，具体的な移記記載例は，全市区町村においてコンピュータ化が完了していますので，コンピュータシステムによる証明書記載例処理を示すことにします。

令和２年９月，全国全ての市区町村の戸籍事務は，コンピュータシステムを用いた処理になりましたので，戸籍用紙を用いた事務処理は，一部の戸籍（戸籍法118条１項ただし書に該当する，いわゆるコンピュータ化に適合しない戸籍）と紙戸籍までに及ぶ戸籍訂正の処理を除いて取り扱う機会がなくなりました。また，改製原戸籍及び紙ベースの除籍を見る機会は，戸・除籍の謄抄本等を請求する申請人の方から，その記載内容等の説明を求められるときぐらいかと思います。しかし，全ての戸籍事務処理が，コンピュータシステムを用いたとしても，何らかの機会に紙戸籍の知識を必要とすることもあろうかと思いますので，戸籍記載の移記の取扱いの変遷についても前書同様触れることにしました。

本書が，戸籍実務家のために少しでも参考になれば幸甚です。

最後に，本書の刊行に際して格別にお世話になった日本加除出版株式会社参事大野弘氏に感謝の意を表する次第です。

令和３年１月

新　谷　雄　彦

全訂版　はしがき

戸籍は，人の親族的な身分関係を登録・公証する公文書です。親族的な身分とは，夫婦・親子・兄弟姉妹その他の親族という親族的な関係における地位のことをいいます。また，戸籍は，人の出生から死亡までの経緯を公証するものでもあります。

戸籍は，人が死亡し相続が発生した場合には，相続人が誰であるかを公証するものでもありますから，転籍や養子縁組，また，婚姻等により戸籍の変動があった場合にも，その探索が容易にできるようにその仕組みができています。例えば，転籍の場合，Ａ市からＢ市へ，更にＣ市へ転籍しても，その戸籍の連続性は，戸籍事項欄の記載により明らかになります。また，養子縁組や婚姻によって甲戸籍から除かれて乙戸籍に入籍したというように，入籍，除籍という方法により容易に探索ができ，養子離縁や離婚により元の戸籍に戻ったか，又は新たに戸籍を編製したかについても同様に探索ができるように工夫がされています。

戸籍は，人の一生の身分関係を証明するものですから，全国統一した戸籍の取扱いをすることが大切です。そのため，戸籍用紙は，規格が統一され，基本的な記載例も示されています。また，平成６年法律第67号により，戸籍事務を電子情報処理組織によって取り扱うことができるとされましたが，この場合においても，統一した仕様書に基づき，市区町村長が使用する電子情報処理組織が備えるべき戸籍及び除かれた戸籍の記録の保全及び保護に必要な措置についても統一が図られています。

さらに，戸籍は，人の一生の身分関係を証明するものであり，全ての身分関係を登録・公証することとしていますから，管外転籍等により新たに戸籍を編製する場合，又は養子縁組や婚姻等により他の戸籍に入籍する場合には，その戸籍に全ての身分事項を移記していくのが本来のあり方でしょうが，本人にとっては移記されたくない身分事項もありますし，戸籍記載の経済性からも全ての身分事項を移記するのも大変な労力を要することになります。

このようなことから，現行の戸籍法施行規則は，管外転籍等により新たに戸籍を編製する場合，又は養子縁組等により他の戸籍に入籍する場合には，従前戸籍に記載がある一定の事項については，これを移記しなければならないと規定し，移記を不要とする事項をも明らかにしています。

本書は，管外転籍等により新たに戸籍を編製する場合，又は養子縁組等により他の戸籍に入籍する場合の移記に関する戸籍事務の取扱いの変遷の概略を説明するとともに，具体的な移記記載例は，コンピュータシステムによる証明書記載例処理を中心として示すことにします。

前書では，戸籍用紙をもって処理している市区町村からコンピュータシステムをもって処理している市区町村に転籍等があった場合，又はコンピュータシステムをもって処理している市区町村から戸籍用紙をもって処理している市区町村に転籍等があった場合にも対応できるよう，戸籍用紙のひな形及びコンピュータシステムによる証明書記載例のひな形を示しましたが，全国の大半の市区町村がコンピュータシステムにより処理している状況となりましたので，本書は，コンピュータシステムによる証明書記載例のひな形で移記記録を示すことにしました。

本書が，戸籍実務家のために少しでも参考になれば幸甚です。

最後に，本書の刊行に際して格別にお世話になった日本加除出版株式会社編集部長大野　弘氏及び同編集部野口　健氏に感謝の意を表する次第です。

平成24年７月

新　谷　雄　彦

目　次

第 *1*　戸籍記録（戸籍記載）の移記とは ―― 1

第 *2*　旧戸籍法施行中の移記の取扱い ―― 2

第 *3*　現行戸籍法施行後の移記の取扱い ―― 3

1　戸籍法施行規則施行後の取扱い …… 4
2　昭和42年法務省令第14号による改正後の取扱い …… 6
3　昭和54年法務省令第40号による改正後の取扱い …… 6
4　平成12年法務省令第７号による改正後の取扱い …… 7
5　平成16年法務省令第46号による改正後の取扱い …… 8

第 *4*　移記を要しない事項 ―― 8

1　戸籍の表示欄 …… 9
2　戸籍事項欄 …… 11
3　身分事項欄 …… 12
4　戸籍に記録されている者欄 …… 15
5　追完事項 …… 15

第 *5*　転籍の際に注意すべき氏名の記録順序 ―― 16

第 *6*　具体的移記記録例 ―― 20

1　はじめに …… 20
2　戸籍の表示欄の移記 …… 33
3　戸籍事項欄の移記 …… 34
(1)　戸籍法第77条の２の届出事項がある場合 …… 35
ア　改製戸籍（コンピュータ戸籍）に戸籍法第77条の２の届

出事項の記録，離婚の届出と同時に戸籍法第77条の２の届出による新戸籍を編製した旨若しくは離婚により復籍した者又は離婚により新戸籍が編製され，他に在籍者がある者から戸籍法第77条の２の届出があり新戸籍を編製した旨の記録がある場合……35

イ　離婚により新戸籍を編製されている者から届出があった場合において，他に在籍者がないときの記録がある場合……38

(2)　戸籍法第107条第１項の届出事項がある場合……39

(3)　戸籍法第107条第２項の届出事項がある場合……41

(4)　戸籍法第107条第３項の届出事項がある場合……43

(5)　戸籍法第107条第２項及び同条第３項の届出事項がある場合……45

(6)　戸籍法第107条第３項の氏の変更届をした場合に，その者の戸籍に同籍者がある場合……47

(7)　戸籍法第107条第４項の届出事項がある場合……51

4　戸籍の筆頭に記録されている者の移記……52

(1)　筆頭者が死亡している場合……52

(2)　筆頭者の配偶者が日本国籍を喪失しているが，その夫婦の婚姻関係が継続している場合……56

5　身分事項の移記……59

(1)　出生に関する事項……59

ア　届出人の資格氏名が「母の親権者父乙山孝一」とある場合……59

イ　国籍留保の届出……60

a　出生の届出を母が行い，父が国籍留保の届出をした旨の記録がある場合……60

b　天災その他届出義務者の責めに帰することのできない事由の旨の記録がある場合……63

c　届出期間内に届出された出生届に国籍を留保する旨の追完の記録がある場合……66
d　届出期間経過後に追完届がされ，戸籍法第104条第3項に該当する国籍留保の旨の記録がある場合……70
ウ　出生届書未着の記録がある場合……73
a　出生事項中に入籍の遅延理由が記録されている場合……73
b　後日遅延事由記録の申出があり補記記録されている場合……76
エ　管轄法務局の長の指示を得て受理した旨の記録（【入籍日】）がある場合……79
オ　離婚後300日以内に出生した出生届出未済の子について，前夫との嫡出子否認の裁判の謄本を添付して後夫から届出された旨の記録がある場合……82
カ　離婚後300日以内に出生した出生届出未済の子について，父子関係不存在確認の裁判の謄本を添付して母から届出された旨の記録がある場合……85
キ　婚姻の解消又は取消し後300日以内に生まれた子の出生の届出の旨の記録がある場合……88
ク　嫡出でない子の父の氏名が戸籍に記録されていない場合において，事実主義法制に基づき父の氏名を記録する旨の追完がされている場合……91
ケ　日本人男から胎児認知され，出生により新戸籍が編製されている外国人母の嫡出でない子が，外国人母が帰化したことにより，母の戸籍に入籍する場合……94
コ　日本人男から胎児認知され，出生により新戸籍が編製されている外国人女の嫡出でない子が，父母の婚姻によって準正嫡出子となり父の戸籍に入籍する場合……98
サ　日本人女と外国人男の婚姻前に日本で出生した子について，父母婚姻後，外国人父から戸籍法第62条の出生届の旨の記録がある場合……98

(2)　認知に関する事項……………………………………………………………99

ア　父が生存中に郵送した認知事項の記録がある場合………………99
イ　裁判認知事項の記録がある場合……………………………………102
ウ　胎児認知事項の記録がある場合……………………………………104
エ　認知された子が認知者である父の氏を称する入籍の届出により父の戸籍に入籍する場合……………………………………106
オ　日本人母の嫡出でない子が外国人父に認知され，その父がその後帰化している旨の記録がある場合……………………107
カ　外国人父の本国法が事実主義を採用し，日本人母から出生届により既に父の氏名が記録された後に，その外国人父から認知届がされている旨の記録がある場合……………………110
キ　日本人女と外国人男の婚姻前に日本で出生した子について，父母婚姻後，外国人父から戸籍法第62条の出生届の旨の記録がある場合……………………………………………………113
ク　日本人男から生後認知され，国籍法第３条による日本国籍を取得した旨の記録がある場合……………………………………116
ケ　日本人男から胎児認知され，出生により新戸籍が編製されている外国人女の嫡出でない子が，父母の婚姻によって準正嫡出子となり父の戸籍に入籍する場合……………………121

(3)　養子縁組に関する事項…………………………………………………124

ア　同籍内縁組をしている場合…………………………………………124
　a　養子が婚姻をする場合……………………………………………124
　b　養子が分籍をする場合……………………………………………130
イ　養父母が離婚している場合…………………………………………133
ウ　養父母の一方と離縁している場合…………………………………137
エ　養父が死亡し，養母との離縁後に養子が自己の氏を称して新戸籍を編製する場合……………………………………………141
オ　夫婦で養子となった者が離婚により新戸籍を編製する場

合又は配偶者の死亡による婚姻解消後，相手方の氏を称する婚姻により編製された戸籍に入籍している場合……………………145
a　婚姻の際に氏を改めた者が離婚により新戸籍を編製する場合……………………………………………………………145
b　配偶者の死亡後，戸籍の筆頭に記録されている者が婚姻により相手方の戸籍に入籍する場合…………………………149
カ　養父又は養母が改氏又は改名している場合……………………153
キ　養子縁組事項中に追完事項の記録がある場合…………………157
a　未成年者の母が代諾した15歳未満の子の養子縁組届が誤って受理された後，養子縁組当時母について選任されていた未成年後見人（又は後見人）が代諾した旨の追完の記録がある場合…………………………………………………157
b　15歳以上の未成年者の養子縁組届をその法定代理人である親権者が代諾して届け出てこれが誤って受理された後，当該養子本人自らが養子縁組をする旨の追完の記録がある場合………………………………………………………………161
c　15歳未満の子が戸籍上の父母の代諾によって養子縁組した後，その子と戸籍上の父母との間に親子関係不存在確認の裁判による戸籍訂正後，正当な代諾権者である父母から縁組を代諾する旨の追完の記録がある場合……………164
d　15歳未満の子が戸籍上の父母の代諾によって養子縁組した後，その子と戸籍上の父母との間に親子関係不存在確認の裁判による戸籍訂正後，15歳以上となった養子自らが縁組する旨の追完の記録がある場合…………………………166
e　外国人夫婦の養子となった縁組届出後，実方の血族との親族関係が終了する旨の追完の記録がある場合……………167

(4)　特別養子縁組に関する事項………………………………………………170

ア　同籍する者を特別養子として戸籍の末尾に記録する場合において，特別養子縁組成立前に養父母から届出のあった

名の変更事項を移記する場合 …………………………………… 170
イ　特別養子となった者の出生事項中，【入籍日】の記録及び届出人の資格氏名を移記する場合…………………………… 175
ウ　特別養子となった者が日本人父の胎児認知により日本国籍を取得した外国人母の嫡出でない子である場合において，その子の出生事項を移記する場合……………………………… 179

(5)　婚姻に関する事項……………………………………………… 183

ア　同籍内婚姻をしている場合 ………………………………… 183
イ　外国人配偶者の氏名が，本国法上の効果により日本人配偶者の称している氏に変更され，申出によりその旨の記録がされている場合…………………………………………… 186
ウ　外国人配偶者が帰化している場合………………………… 189
a　外国人妻が帰化により日本人夫の戸籍に入籍している場合…………………………………………………………… 189
b　外国人夫の帰化により日本人妻が夫の帰化後の新戸籍に入籍する場合及びその戸籍が転籍する場合 ………………… 192
エ　戸籍法第107条第1項の規定による氏の変更及び夫婦の一方の名の変更により婚姻事項中の配偶者の氏又は名が更正されている場合…………………………………………… 196

(6)　親権・未成年者の後見に関する事項……………………… 200

ア　父母離婚の際，子の親権者を父と定め，その子が親権者である父の代諾により養子縁組した後，離縁によって父の戸籍に復籍する場合 ……………………………………………… 200
イ　未成年後見が開始し，その後，未成年後見人更迭事項がある場合……………………………………………………… 204

(7)　推定相続人廃除に関する事項 ……………………………… 207

(8)　日本国籍の選択宣言及び外国国籍の喪失に関する事項………… 210

ア　日本国籍の選択宣言の記録がある場合……210
イ　外国国籍の喪失事項の記録がある場合……213
(9)　名の変更に関する事項……216
(10)　性別の取扱いに関する事項……219
(11)　追完に関する事項……223
ア　出生に関する事項の追完事項……223
a　出生により外国の国籍を取得した日本人で外国で出生した者について法定期間内に届出がされ，その後，国籍留保の旨の追完の記録がある場合……223
b　aの出生届出が法定期間経過後にされ，戸籍法第104条第３項に該当する国籍留保の記録がある場合……223
c　嫡出でない子の父の氏名が戸籍に記録されていない場合において，事実主義法制に基づき父の氏名を記録する旨の追完の記録がある場合……223
イ　養子縁組に関する事項の追完事項……223
a　未成年者の母が代諾した15歳未満の子の養子縁組届が誤って受理された後，養子縁組当時母について選任されていた未成年後見人が代諾した追完の記録がある場合……223
b　15歳以上の未成年者の養子縁組届をその法定代理人である親権者が代諾して届け出てこれが誤って受理された後，養子自らが縁組する旨の追完の記録がある場合……223
c　15歳未満の子が戸籍上の父母の代諾によって養子縁組した後，その子と戸籍上の父母との間に親子関係不存在確認の裁判による戸籍訂正がされた後，正当な代諾権者である父母から縁組を代諾する旨の追完の記録がある場合……223
d　15歳未満の子が戸籍上の父母の代諾によって養子縁組した後，その子と戸籍上の父母との間に親子関係不存在確認の裁判による戸籍訂正がされた後，15歳以上になっ

た養子自らが縁組する旨の追完の記録がある場合……………… 224
e　外国人夫婦の養子となった縁組届出後，実方の血族との親族関係が終了する旨の追完の記録がある場合……………… 224

6　戸籍に記録されている者欄…………………………………………… 224

(1)　父母欄の氏名………………………………………………………… 224
ア　父母の氏名が誤字・俗字等の場合…………………………… 224
イ　父母が離婚している場合……………………………………… 226
(2)　養父母欄の氏名……………………………………………………… 228
ア　養父母の氏名が誤字・俗字等の場合………………………… 228
イ　養父母が離婚している場合…………………………………… 229
ウ　転縁組により他の戸籍に入籍する場合……………………… 233
エ　養父母離婚後，養父の後妻と縁組している場合…………… 235
オ　死後離縁された亡養子の養父母欄の記録…………………… 238

第 7　戸籍訂正と身分事項の移記 ―――――――――――― 240

第１　戸籍記録（戸籍記載）の移記とは

戸籍は，人の出生，死亡，婚姻，離婚，養子縁組，養子離縁，そのほか，人の一生における身分関係の重要な事項を登録（記載）し，これを戸籍の全部事項証明書等（戸籍の謄抄本等）によって公権的に証明する公文書であることはいうまでもありません。

上記のように，戸籍は，人の身分関係を登録・公証する重要なものですから，戸籍の記載について，戸籍法は極めて厳格な取扱いを要求しています。すなわち，戸籍の記載・戸籍記載の消除・戸籍の訂正又は更正については，法令上所定の要件を備えたものについて，一定の形式・方式に従いこれを記載すべきものとしています。この戸籍の記載の統一性・適式性を確保するため，一連の戸籍の記載手続については，戸籍法及び戸籍法施行規則において法定し，また，通達等によって種々の配慮がされています。

例えば，戸籍の記載手続について，戸籍法第15条は，「戸籍の記載は，届出，報告……（中略）裁判によつてこれをする。」と規定し，戸籍法施行規則第24条は，「本籍地の市町村長は，第20条（著者注；届書・申請書等の受附）及び第21条第１項（著者注；受附帳の記載）の手続をした後に，遅滞なく戸籍の記載をしなければならない。」と規定しています。また，戸籍のどの欄にどのように記載するかについて，戸籍法施行規則第33条第１項は，「戸籍の記載は，附録第６号のひな形に定めた相当欄にこれをしなければならない。」と規定し，同条第２項は，「事項欄の記載は，附録第７号記載例に従い，事件ごとに行を更めてこれをしなければならない。」と規定しています。さらに，戸籍事項欄にはどのような事項を記載する（戸規34条）のか，身分事項欄にはどのような事項を記載する（戸規35条）のかを具体的に定めています。

また，電子情報処理組織による戸籍事務についても，その取扱いに関する特例により，戸籍法施行規則附録第６号戸籍の記載のひな形に対応するものとして，同規則付録第24号記録事項証明書の書面の記載のひな形（戸規73条６項関係）が，また，附録第７号記載例に対応するものとして，付録第25号のコンピュータシステムによる記録事項証明書記載例（戸規73条１項の書面の記載例）等が示されています。

このように，戸籍法及び戸籍法施行規則は，記載すべき事項及びその記載方法並びに記載例を規定し，また，戸籍が管外転籍した場合には，どのような事項を転籍地の戸籍に記載する（戸規37条）のか，新戸籍を編製する場合等は，どのような身分事項を記載する（戸規39条）のかについても具体的に規定しています。

戸籍記録（戸籍記載）の移記とは，養子縁組，転籍等による新戸籍の編製，他の戸籍への入籍又は従前の戸籍に復籍する場合等に，従前戸籍の戸籍事項欄及び身分事項欄に記載されている事項を新戸籍又は他の戸籍に記載すること，これを戸籍記録（戸籍記載）の移記といいますが，どのような事項を移記するかについては，歴史的な変遷がありますので，次にその変遷について簡単に触れることにします。

第２　旧戸籍法施行中の移記の取扱い

ここで触れる旧戸籍法施行中とは，大正３年戸籍法施行中（大正４年１月１日から昭和22年12月31日まで。以下「旧法」という。）のことをいいます。

新戸籍に移記すべき事項について，戸籍法施行細則（大正３年司法省令第７号。以下「細則」という。）第14条第２項は，「新ニ戸籍ヲ編製スルトキハ戸主及ヒ家族ノ身分ニ関スル事項ニシテ基本タル戸籍ニ記載シタルモノハ之ヲ新戸籍ニ記載スヘシ」と規定していました。また，管外転籍する場合の新戸籍に移記すべき事項について，細則第15条は，「（前略）届書ニ添附シタル戸籍ノ謄本ニ記載シタル事項ハ婚姻其他ノ事由ニ因リ除籍者ニ関スルモノヲ除ク外之ヲ転籍地ノ戸籍ニ記載スヘシ」と規定していました。

したがって，基本的には，従前戸籍に記載されていた事項は全てこれを移記する取扱いがされていました。例えば，数回転籍をすると，転籍地の戸籍には，新戸籍編製事項を含め，全ての転籍事項を記載することとしていました。このことは，戸籍事務を担当している方であれば，旧法戸籍を見る機会がありますので，お分かりのことと思います。身分事項についても同様です。これらは，各人の身分関係を忠実に戸籍に反映させるためには，全ての身分に関する事項を系譜的に移記することが望ましいと考えられていたからではないかと推測します。

また，旧法中の戸籍の身分事項，特に出生事項については，身分登記簿により記載した旨の記載がされているものを見受けることがあると思いますが，旧戸籍法第184条第１項は，「旧法ノ規定ニ依ル戸籍（著者注；明治31年式戸籍）ハ本法ノ規定ニ依ル戸籍トシテ其効力ヲ有ス但本法ノ規定ニ依リ戸籍ニ記載スヘキ事項ニシテ旧法ノ規定ニ依ル戸籍ニ記載ナキモノハ身分登記ニ依リ之ヲ記載スルコトヲ得」と規定し，身分登記簿により記載した場合は，その旨を記載することとされていたからです（細則23条）。

ここで，身分登記簿について簡単に触れておきます。

身分登記簿は，明治31年戸籍法によって，戸籍簿のほかに身分に関する公簿として，新設されたものです。身分に関する事項は，まず身分登記簿に届出事項の全部を登記し，その後に戸籍簿に主要事項のみを転記することとしていました（明治31年戸籍法15条・18条・178条参照）。身分登記簿は，その使用の前年に身分登記簿とする帳簿を調製し，あらかじめ監督官に差し出し，監督官は職印をもって毎葉のつづり目に契印し，表紙の裏面にその枚数を記し，職，氏名の記入と職印を押して戸籍吏に還付するなど，戸籍簿よりも厳格な取扱いがされていました（同法９条・10条）。この身分登記の制度は，重複した二重手続であり，あまり利用されなかったということで，大正３年戸籍法により廃止されました。

第3　現行戸籍法施行後の移記の取扱い

現行の戸籍の移記の取扱いは，戸籍法施行規則に定められています。この戸籍法施行規則中，移記に関する規定（戸規37条・39条）については，数度改正され，また，戸籍記載例についても同様に改正されており，戸籍用紙で処理している場合又は戸籍用紙からコンピュータシステムに移行をする際の移記方法について，特にこの点を注意する必要があります。現在は，全国全ての市区町村がコンピュータシステムで処理していますから，コンピュータシステムからコンピュータシステムへ移記するには，さほど悩む必要はないものと思います。

以上の経過について，次に簡単に触れてみることにします。

1　戸籍法施行規則施行後の取扱い

昭和23年１月１日から施行された戸籍法施行規則（昭和22年12月29日司法省令第94号）は，管外転籍の場合の新戸籍に記載する事項（戸規37条），及び新戸籍を編製する場合又は他の戸籍に入籍する場合の重要な身分事項の移記（戸規39条）について，次のように規定していました。

ア　管外転籍の場合の新戸籍に記載する事項（戸規37条）

戸籍法施行規則施行時の第37条は，「戸籍法第108条第２項の場合には，届書に添附した戸籍の謄本に記載した事項は，転籍地の戸籍にこれを記載しなければならない。但し，第34条第３号乃至第７号に掲げる事項，戸籍の筆頭に記載した者以外で除籍された者に関する事項及び戸籍の筆頭に記載した者で除籍された者の身分事項欄に記載した事項については，この限りでない。」と規定していました。戸籍法施行規則第34条は，戸籍事項欄に記載すべき事項を定めたものですから，新戸籍の編製に関する事項（戸規34条１号）は移記事項とされていました。このような取扱いがされていましたから，転籍による場合に戸籍事項欄に従前戸籍の戸籍編製事項を移記していたことにもなります。したがって，婚姻により新戸籍を編製した後，管外転籍をした場合には，次のように戸籍事項欄に記載していました。

・転籍前の戸籍の戸籍事項欄

「婚姻の届出により昭和参拾年四月拾日夫婦につき本戸籍編製㊞」

・転籍後の戸籍の戸籍事項欄

「婚姻の届出により昭和参拾年四月拾日夫婦につき本戸籍編製㊞」

「東京都千代田区平河町一丁目四番地から転籍甲野義太郎同人妻梅子届出昭和参拾四年五月壱日受附㊞」

更に転籍した場合は，

・再転籍後の戸籍の戸籍事項欄

「婚姻の届出により昭和参拾年四月拾日夫婦につき本戸籍編製㊞」

「東京都千代田区平河町一丁目四番地から転籍甲野義太郎同人妻梅子届出昭和参拾四年五月壱日受附㊞」

「大阪市北区西天満二丁目六番地から転籍甲野義太郎同人妻梅子届出昭和参拾五年四月壱日受附㊞」

このような記載がされている紙戸籍（現在は，除籍又は平成改製原戸籍になっているものもあります。）を，目にする機会があるかもしれません。この取扱いは，昭和35年法務省令第40号戸籍法施行規則の一部を改正する省令（昭和36年１月１日施行）により，新戸籍の編製に関する事項を移記事項としないこととし，変更されました。

イ　重要な身分事項の移記

戸籍法施行規則施行時の第39条第１項は，「新戸籍を編製され，又は他の戸籍に入る者については，その者の身分に関する重要な事項で従前の戸籍に記載したものは，新戸籍又は他の戸籍にこれを記載しなければならない。」と規定していました。現在は，第１号から第９号までにおいて移記すべき重要な身分事項を明らかにしていますから迷うことはないものと思いますが，当時は，重要な身分に関する事項とはどのようなものであるかが不明であるとして，この重要な身分に関する事項は次のようなものであると通達が発出されています。これを以下に掲載することにします。

・昭和23年１月13日付け民事甲第17号通達（改正戸籍法の施行に関する件）記⑾

「規則第39条の規定によって移記すべき身分に関する重要な事項とは，概ね次の事項である。

1　出生に関する事項

2　子について，認知に関する事項

3　養子について，現に養親子関係の継続するその養子縁組に関する事項

4　夫婦について，現に婚姻関係の継続するその婚姻に関する事項

5　現に無能力者である者についての親権，後見又は保佐に関する事項

6　推定相続人の廃除に関する事項で未だその取消のないもの

7　国籍の取得に関する事項

なお，新戸籍編製の場合に，従前の戸籍の戸籍事項欄に記載した事項は，これを移記するに及ばない。但し，転籍による戸籍編製の場合は，規則第37条の規定による。」

2　昭和42年法務省令第14号による改正後の取扱い

昭和42年法務省令第14号による戸籍法施行規則の改正（昭和42年４月１日施行）は，移記すべき重要な身分に関する事項を明らかにしたものです。この改正の取扱いについては，通達（昭和42年３月16日民事甲第400号通達，「戸籍法施行規則の一部改正について」）が発出されており，同通達記四の(1)は，「第39条第１項について」と題して，「従来本職通達，回答及び所管課長の回答等によって，新戸籍を編製され，又は他の戸籍に入る者について，その者の従前の戸籍に記載した身分事項のうち，新戸籍又は入るべき戸籍に移記すべきものとして取り扱われていた事項を整理し，これを「規則」で明らかにしたものである。なお，同条第４号に規定された配偶者の国籍に関する事項は第36条第２項に規定する事項である（昭和33年10月29日民事二発第525号民事局第二課長回答参照）」と説明されています。

したがって，この規則改正後は，現行と同様の取扱いがされています。

また，この改正により，戸籍の訂正に関する事項は，全て移記を要しないことに改められました。例えば，改正前は，「父母の氏名及び続柄に関する訂正事項があるときに，その事項を移記しなければ，父母欄の記載と出生事項等との関連が明確を欠く場合は，新戸籍に移記するのが相当である」（昭和26年７月13日民事甲第1466号回答）としていました。

3　昭和54年法務省令第40号による改正後の取扱い

昭和54年法務省令第40号による戸籍法施行規則の改正（昭和54年12月１日施行）は，戸籍記載例を大幅に改正したものです。この記載例の改正の要点は，「国民のプライバシーの保護と事務の簡素合理化を図る観点から，従来の戸籍記載例の基本形体を極力維持しながら，しかも戸籍の公示機能及び検索機能を損なわない範囲内において戸籍記載例（附録第７号）の一部を改めるとともに，これに関する諸規定（第30条及び第40条），ひな形（附録第６号）及び様式（附録第８号及び第９号）について，所要の改正を行ったものである。」（昭和54年８月21日民二第4390号通達記一の２）としています。また，前記通達は，記載例改正前の戸籍の記載を改正後に移記する場合（戸規37条・39条）において，新記載例に引き直して記載することができるものについては，これを新記載例によって移記して差し支えないとしています。

4　平成12年法務省令第７号による改正後の取扱い

平成11年法律第149号民法の一部を改正する法律により，成年後見登記制度が創設されました。この制度は，判断能力の不十分な者（痴呆高齢者・知的障がい者・精神障がい者等）を保護するための制度であり，改正前民法の禁治産制度・準禁治産制度に代わるものです。

この成年後見制度の創設とともに，併せて，取引の安全の要請と本人のプライバシー保護の要請との調和を図る観点から，禁治産宣告・準禁治産宣告の戸籍記載に代わる新たな公示方法（平成11年法律第152号後見登記等に関する法律。いわゆる「後見登記制度」）が創設されたことから，平成12年法務省令第７号により戸籍法施行規則第39条第１項第５号を改正し，「現に未成年者である者についての親権又は未成年者の後見に関する事項」とし，「後見又は保佐」を削除しました。未成年者の親権又は後見に関する事項のみを移記すれば足りることとしましたが，成年被後見人とみなされる者（改正民法附則３条１項）又は被保佐人とみなされる者（同条２項）であるときは，従前戸籍に記載された後見又は保佐に関する事項を移記しなければならないとしています（平成12年法務省令第７号改正附則３条１項・３項）が，現在は，全国全ての市区町村がコンピュータシステムを用いた戸籍事務処理が行われていますので，この事例はありません。

5 平成16年法務省令第46号による改正後の取扱い

平成15年法律第111号性同一性障害者の性別の取扱いの特例に関する法律（以下「特例法」という。）が，平成16年７月16日に施行されました。

この特例法は，性同一性障害者に関する法令上の性別の取扱いの変更を認める特例について定めたものです。現行法の下では，人の法的な性別は，基本的には生物学的な性別によって決められていますが，特例法は，その例外として，性同一性障害者であって一定の要件を満たすものについて，家庭裁判所の審判により，その法令上の性別の取扱いについて心理的な性別である他の性別に変わったものとみなすこととしています。

この特例法の施行に伴い戸籍法施行規則が改正され，戸籍法施行規則第35条第16号として「性別の取扱いの変更に関する事項については，その変更の裁判を受けた者」の身分事項欄に記載しなければならないこととし，併せて，戸籍法施行規則第39条第１項第９号として「性別の取扱いの変更に関する事項」は，重要な身分事項として移記しなければならないとしたものです。

この特例法は，平成20年法律第70号をもってその一部が改正され（平成20年12月18日施行），特例法第３条第１項第３号「現に子がいないこと。」という要件を「現に未成年の子がいないこと。」に改められ，戸籍の記載等の取扱いの一部が改正されました。これについては，平成20年12月12日付け民一第3217号通知を参照してください。

以上が，現行戸籍法施行規則の移記記載に関する改正経緯です。

第４　移記を要しない事項

新戸籍を編製する場合又は他の戸籍に入籍する場合において，戸籍事項欄に記載されている事項及び身分事項欄に記載されている事項を全て移記することとすると，膨大な量になるとともに，移記する必要のないと考えられるもの及び移記することによって，知られたくない事項まで全てを新戸籍等に記載されることによる問題があること，さらには，戸籍記載の経済性の問題もあることから，戸籍法施行規則第37条及び第39条の規定を設けているものです。ここでは，移記を要しない事項について，戸籍の表示欄，戸籍事項欄，身分事項欄，戸籍に記録されている者欄及び追完事項とに分けて説明することにします。

なお，これからの説明は，コンピュータシステムによる証明書記載例を示しながらすることにしますので，戸籍の記載という用語ではなく，基本的には戸籍の記録という用語を用いることにします。紙戸籍での処理に当たっては，「戸籍の記録」若しくは「記録」とあるときは，「戸籍の記載」若しくは「記載」と読み替えてください。

また，以下において全ての証明書記載例中，都道府県名の表示については，コンピュータシステムの実態に即した形で表示しました。

1　戸籍の表示欄

戸籍の表示欄とは，本籍（戸籍の所在場所）と筆頭者氏名の表示とを併せて戸籍の表示機能を有するもので，本籍と筆頭者氏名が記録されている欄をいいます。紙戸籍の様式（戸規附録第１号様式）は，本籍欄と筆頭者氏名欄とは別々に区分けされていますが，戸籍の記録事項証明書の様式（戸規付録第22号様式），いわゆるコンピュータシステムによる全部事項等の証明書は，本籍と筆頭者氏名を一つの枠内（欄）に表示しましたので，戸籍の表示欄と呼称することにします。

ア　本　籍

管内転籍の場合は，戸籍事項欄に「【転籍日】（著者注；届出日）」と転籍前の本籍を「【従前本籍】」として記録し，戸籍の表示欄に転籍後の本籍を記録します。また，住居表示の実施，町名地番変更，区画整理等があった場合には，戸籍事項欄に，「【更正日】」，「【更正事由】」を記録し，「【従前の記録】」として更正前の本籍を記録し，本籍に更正後の本籍を記録します（戸籍用紙により処理している場合は，戸籍事項欄の記載を要しない取扱いをしています（戸規附録第10号様式参照）。

この本籍の更正（又は訂正）事項は，管外転籍の際には移記すべき事項に該当しませんので，移記を要しないことになります。

したがって，**図1**のような本籍の更正事項の記載がある戸籍が管外転籍したときは，転籍地の新戸籍は，**図2**のようになります。

図1

本　　籍 氏　　名	東京都千代田区平河町一丁目１０番地 甲野　義太郎
戸籍事項 　戸籍編製 　更　　正	 【編製日】令和４年１月１０日 【更正日】令和５年４月１日 【更正事項】本籍 【更正事由】地番号の変更 【従前の記録】 　【本籍】東京都千代田区平河町一丁目４番地

図2

本　　籍 氏　　名	千葉県千葉市中央区千葉港５番地 甲野　義太郎
戸籍事項 　転　　籍	 【転籍日】令和６年１月２０日 【従前本籍】東京都千代田区平河町一丁目１０番地

イ　筆頭者氏名

筆頭者の氏を変更，更正又は訂正する場合は，氏の変更，氏の文字の誤記訂正，誤字俗字解消のための申出による氏の文字の訂正等があった場合です。また，筆頭者の名を変更，更正又は訂正する場合は，名の変更，誤字俗字解消のための申出による名の文字の訂正等があった場合です。

この変更，訂正等による場合は，管外転籍の際には移記すべき事項に該当しませんので，移記を要しないことになります。

したがって，**図3**のような氏の文字の更正事項の記載がある戸籍が管外転籍したときは，転籍地の新戸籍は，**図4**のようになります。

図３

本　　　籍 氏　　　名	東京都千代田区平河町一丁目１０番地 渡辺　義太郎
戸籍事項 　戸籍編製 　文字更正	 【編製日】令和４年１月１０日 【更正日】令和４年１月１０日 【従前の記録】 　【氏】渡邉

図４

本　　　籍 氏　　　名	千葉県千葉市中央区千葉港５番地 渡辺　義太郎
戸籍事項 　転　　籍	 【転籍日】令和６年１月２０日 【従前本籍】東京都千代田区平河町一丁目１０番地

2 戸籍事項欄

新戸籍を編製する場合は，管外転籍，婚姻，養子縁組等の届出があったときです。

戸籍法施行規則第37条は，管外転籍の場合において，転籍地における新戸籍を編製する際の記載事項を定めたものです。同条第１号が，戸籍事項欄に関する事項ですので，これについて説明することにします。

第１号は，「第34条第１号，第３号乃至第６号に掲げる事項」は記載を要しないとしています。

したがって，転籍後の新戸籍の戸籍事項欄には，従前戸籍の戸籍事項欄に記載されている新戸籍の編製に関する事項，転籍に関する事項，戸籍の全部に係る訂正に関する事項及び戸籍の再製又は改製に関する事項は移記を要しないことになります。**図５**のような転籍事項の記載がある戸籍が管外転籍したときは，転籍地の新戸籍は，**図６**のようになります。

図5

本　　　籍 氏　　　名	千葉県千葉市中央区千葉港５番地 甲野　義太郎
戸籍事項 転　　籍	【転籍日】令和６年１月２０日 【従前本籍】東京都千代田区平河町一丁目１０番地

図6

本　　　籍 氏　　　名	東京都中央区日本橋室町一丁目１番地 甲野　義太郎
戸籍事項 転　　籍	【転籍日】令和８年４月１０日 【従前本籍】千葉県千葉市中央区千葉港５番地

3　身分事項欄

戸籍法施行規則第39条は，新戸籍を編製され，又は他の戸籍に入る者については，重要な身分に関する事項を移記しなければならないとしています。何が重要な身分事項であるかについては，同条第１項第１号から第９号までにおいてそれを規定しています。

したがって，重要な身分に関する事項以外の身分事項は，移記を要しないことになり，また，重要な身分事項であっても，その一部を移記しないことになりますので，次の事項については，移記を要しない事項となります。

ア　出生事項

出生事項中，【特記事項】のインデックスを用いて記録する事項があります。例えば，①参考記載例番号７「出生届出未済の子について，前夫の嫡出子否認の裁判の謄本を添付して後夫からされた嫡出子の出生届」，②同12「離婚後300日以内に出生した届出未済の子について，父子関係不存在確認の裁判の謄本を添付して母からされた嫡出でない子の出生届」，また，③婚姻の解消又は取消し後300日以内に生まれた子の出生の届出の取扱いです（平成19年５月７日民一第1007号通達記１の(3)イ）。

①は，「【特記事項】令和４年６月１２日甲野義太郎の嫡出子否認の裁判確定」と，②は，「【特記事項】令和３年１２月９日甲野義太郎との親子関係不存在確認の裁判確定」と，③は，「【特記事項】民法第７７２条の推定が及ばない」とそれぞれ記録します。これらの記録は，新戸籍の編製，他の戸籍への入籍などの場合，移記を要しない取扱いです。

イ　認知事項

認知した者の認知事項，つまり認知した父の戸籍の認知事項の記録は，移記を要しないことになります。これは，認知した子が外国人女の嫡出でない子であっても同様です。認知事項は，嫡出でない子については移記をしなければならないとしていますので，父については，移記事項ではないからです。

なお，準正子については，嫡出子の身分を取得した者ですから，認知事項の移記を要しないことになります。

ウ　養子縁組事項

養親の身分事項欄の縁組事項は移記を要しないとされています（戸規39条１項３号）から，転籍による新戸籍を編製する場合，養親が離婚により新戸籍を編製する場合又は従前戸籍に復籍する場合であっても，養親については移記を要しないことになります（昭和23年８月12日民事甲第2153号回答）。

夫婦の養子となった者が，その夫婦の一方と離縁した場合において，新戸籍を編製又は他の戸籍に入籍するときは，離縁した一方の養親との縁組事項は，移記を要しないことになります（単独縁組の記録に引き直すことになります。137頁参照）。

また，夫婦で養子となった者の一方のみが離縁しているときは，他の一方（縁組が継続している夫又は妻）については，単独で養子となった旨の記録に引き直して移記します（145頁参照）。

エ　親権事項

未成年者が成年に達している場合には，親権事項の移記を要しません。また，父（又は母）を親権者と定めて父母が離婚した後，同一人が再婚したことにより父母の共同親権に服している場合等は，親権事項（親権者を定める旨及び共同親権に服するに至る旨のいずれも）の移記を要しません。

オ　生存配偶者の復氏又は姻族関係の終了事項

生存配偶者の復氏又は姻族関係の終了に関する事項は，生存配偶者の身分事項欄に記録する（戸規35条７号）こととしていますが，この事項はいずれも移記を要しません。

カ　推定相続人廃除事項

推定相続人の廃除に関する事項は移記事項ですが，廃除取消しの届出がされているときは，いずれの事項も移記を要しません（戸規39条１項６号）。

キ　入籍事項

父母の氏を称する入籍届等入籍に関する事項は，入籍者の身分事項欄に記録する（戸規35条９号）こととしていますが，この事項は移記を要しません（戸規39条１項）。

ク　氏の変更事項

戸籍法第73条の２（第69条の２において準用する場合を含む。）の離縁の際に称していた氏又は戸籍法第77条の２（第75条の２において準用する場合を含む。）の離婚の際に称していた氏に関する事項は，その氏を称した者の身分事項欄と新戸籍の戸籍事項欄に記録され（戸規34条２号・35条３号の３・同条４号の２），また，同法第107条第２項から第４項までの氏の変更に関する事項は，氏を変更した者の身分事項欄と新戸籍の戸籍事項欄に記録されます（戸規34条２号・35条13号）。

戸籍法第107条第１項の氏の変更は，その氏の変更の効果が，その戸籍の在籍者全員に及ぶことから，戸籍事項欄のみに記録します。しかし，戸籍法第77条の２等の氏の変更の効果は，その届出をした者のみにしか及びませんので，身分事項欄及び戸籍事項欄の双方に記録することとしています。

このような身分事項欄に記録されている氏の変更に関する事項は，移記を要しません（戸規39条１項）。

ケ　国籍取得事項

法務大臣に対する届出による国籍の取得に関する事項（戸籍法102条）及び帰化に関する事項（戸籍法102条の２）は，移記を要しません（戸規39条１項）。

コ　就籍事項

就籍に関する事項は，移記を要しないとされています（昭和27年６月30日民事甲第921号回答）。

4 戸籍に記録されている者欄

戸籍に記録されている者欄とは，名，生年月日，父母の氏名，父母との続柄，養父母の氏名，養父母との続柄及び配偶者区分を総称していいます。紙戸籍においては，これらを「身分事項欄下部全欄」といいます。

この欄の記録は，全て移記事項となり，この欄の記録のとおりに移記します。ただし，戸籍用紙により処理している場合は，数次縁組した者の養父母欄の記載は，最後の養親のみを記載すれば足りるとされています（大正４年２月24日民第241号回答二）。例えば，養父甲野義太郎と縁組し，次に養母乙野梅子と縁組した場合，戸籍用紙で処理している場合は，養父欄を消除せずに，養母欄を新たに設けて，養母の氏名を記載する場合です。この場合，新戸籍又は入籍戸籍に養父母欄を設けるときは，養母欄のみを設ける（記載する）ことになります。コンピュータ戸籍は，養母の氏名のみが記録されていますので，そのまま入籍戸籍等に移記することになります。なお，異時縁組によって夫婦の養子となった場合（例えば，養女が養母の夫と縁組した場合）は，婚姻等により新戸籍を編製するときは，養父母欄を設けて，養父母双方を記載することになります。

また，紙戸籍において，名の文字に傍訓（ふりがな）が付されている場合は，新戸籍の編製，他の戸籍への入籍又は戸籍の再製若しくは改製により名を移記する場合には，その傍訓の記載は移記をしないことになります（平成６年11月16日民二第7005号通達第３の２）。

5 追完事項

追完の届出は，市区町村長が届出を受理した場合において，届書に不備があるため戸籍の記録をすることができないときに，その不備を補うためのものです（戸籍法45条）から，戸籍の記録前に届出の追完を行うことになり，当初の届出と追完の届出で一つの届出となります。したがって，戸籍の記録上は，通常は追完の旨の記録はないことになります。名未定の子についての出生届があった場合は，「【特記事項】名未定」として記録し，後日，追完の届出により名を記録する例は，特異な例としてはあります。

戸籍の記録後の追完は，戸籍先例で認められたものです。例えば，①母がした嫡出子出生の届出により婚姻前の出生子が婚姻後の戸籍に入籍している場合において，父から届出人に父を加える旨の追完の届出をする場合（昭和31年12月４日民事甲第2709号回答），②届出期間内にした生地主義国で出生した日本人夫婦の子の出生の届出について，国籍を留保する旨の届出の記載を遺漏したとしてその旨の追完の届出をする場合（昭和35年６月20日民事甲第1495号回答），③15歳未満の子について戸籍上の父母の代諾による縁組の届出を受理し，戸籍の記載をした後，戸籍上の父母との間に親子関係不存在確認の裁判が確定したため，その戸籍訂正をした場合に，正当な代諾権者から縁組代諾の追完の届出をする場合（昭和30年８月１日民事甲第1602号通達），④改正国籍法施行（昭和60年１月１日）前，外国人男と日本人女間の婚姻中に出生した子について嫡出子出生の届出がされ，その後，嫡出子否認の裁判が確定し，母から嫡出でない子として母の戸籍に入籍させる旨の追完の届出があった場合（昭和41年１月12日民事甲第208号回答，改正前国籍法２条３号）等です。

前記の先例の中で，追完事項を移記しなければならない事案は，③の事案です。①，②及び④は，移記を要しません。コンピュータ戸籍における③の事案は，従前戸籍に記録された養子縁組事項をそのまま移記し，段落ちタイトルの追完事項は，移記を要しないことになります（参考記載例番号71参照）。

第５　転籍の際に注意すべき氏名の記録順序

管外転籍により新戸籍を編製する場合において，氏名の記録順序が問題になることがあります。

戸籍法は，氏名を記録するには，次のような順序によって記録することとしています（戸籍法14条）。つまり，第一番目に夫婦を記録することとし，夫婦を記録するについては，氏の主導性がある者を最初に記録するとしています（夫婦が，夫の氏を称するときは夫，妻の氏を称するときは妻）。第二番目に配偶者を記録し，三番目に子を記録することとしています。また，子の記録順序については，子の間では，出生の前後による（同条２項）としています。

したがって，長男（長女）が，二男（二女）より何らかの事情により，従前戸籍の記録順序が出生の前後になっていないときは，転籍後の新戸籍には出生の前後による順序により記録することになります。

それでは，具体的な例を挙げて，転籍前と転籍後の戸籍の氏名の記録順序を示すことにします。

＊転籍前の戸籍

本　　籍 氏　　名	東京都千代田区平河町一丁目４番地 甲野　義太郎
戸籍事項 　戸籍改製	（戸籍改製事項省略）
戸籍に記録されている者 除　　籍	【名】義太郎 【生年月日】昭和４３年６月２６日　　【配偶者区分】夫 【父】甲野幸雄 【母】甲野松子 【続柄】長男
身分事項 　出　　生	出生事項（省略）
婚　　姻	婚姻事項（省略）
消　　除	養子縁組無効確認の裁判による戸籍訂正事項（省略）
戸籍に記録されている者 除　　籍	【名】梅子 【生年月日】昭和４５年１月８日　　【配偶者区分】妻 【父】乙野忠治 【母】乙野春子 【続柄】長女
身分事項 　出　　生	出生事項（省略）
婚　　姻	婚姻事項（省略）
消　　除	養子縁組無効確認の裁判による戸籍訂正事項（省略）

戸籍に記録されている者	【名】英子 【生年月日】平成１０年５月１８日 【父】甲野義太郎 【母】甲野梅子 【続柄】二女
身分事項 出　　生	出生事項（省略）
戸籍に記録されている者	【名】亜子 【生年月日】平成７年９月２５日 【父】甲野義太郎 【母】甲野梅子 【続柄】長女
身分事項 出　　生	出生事項（省略）
離　　婚	離婚復籍事項（省略）
戸籍に記録されている者	【名】義太郎 【生年月日】昭和４３年６月２６日　　【配偶者区分】夫 【父】甲野幸雄 【母】甲野松子 【続柄】長男
身分事項 出　　生	出生事項（省略）
婚　　姻	婚姻事項（省略）
戸籍に記録されている者	【名】梅子 【生年月日】昭和４５年１月８日　　【配偶者区分】妻 【父】乙野忠治 【母】乙野春子 【続柄】長女
身分事項 出　　生	出生事項（省略）
婚　　姻	婚姻事項（省略）

この転籍前の戸籍は，コンピュータ戸籍に改製された後，戸籍の筆頭者及びその配偶者が養子縁組により同戸籍から除かれ，また，改製前に在籍していた長女が離婚により復籍し，さらに，夫婦の養子縁組が縁組無効確認の裁判による戸籍訂正がされた状態のものです。この戸籍が転籍したときは，氏

名の記録順序は，次のようになります。

＊転籍後の戸籍

本　　　籍 氏　　　名	東京都葛飾区高砂一丁目９２番地 甲野　義太郎
戸籍事項 転　　籍	（転籍事項省略）
戸籍に記録されている者	【名】義太郎 【生年月日】昭和４３年６月２６日　　【配偶者区分】夫 【父】甲野幸雄 【母】甲野松子 【続柄】長男
身分事項 出　　生 婚　　姻	出生事項（省略） 婚姻事項（省略）
戸籍に記録されている者	【名】梅子 【生年月日】昭和４５年１月８日　　【配偶者区分】妻 【父】乙野忠治 【母】乙野春子 【続柄】長女
身分事項 出　　生 婚　　姻	出生事項（省略） 婚姻事項（省略）
戸籍に記録されている者	【名】亜子 【生年月日】平成７年９月２５日 【父】甲野義太郎 【母】甲野梅子 【続柄】長女
身分事項 出　　生	出生事項（省略）
戸籍に記録されている者	【名】英子 【生年月日】平成１０年５月１８日 【父】甲野義太郎 【母】甲野梅子 【続柄】二女
身分事項 出　　生	出生事項（省略）

上図のように戸籍法第14条に規定する氏名の記録順序と同様に移記することになります。

また，旧法施行中の婿養子縁組婚姻をした夫婦について，戸籍の改製により，妻を筆頭者として新戸籍を編製した後，転籍その他の戸籍変動の事由発生の場合は，夫婦から戸籍記載順序変更の申出ができるとされています（昭和32年11月22日民事二発第501回答他）し，さらに，旧法中の入夫婚姻によって夫を筆頭者として編製されている戸籍において，夫死亡後に妻からの申出により妻を筆頭者とする戸籍を編製することができるとされています（戸籍678号53頁）ので，このような事例があったときは注意を要します。

第6　具体的移記記録例

1　はじめに

戸籍法は，戸籍の記載事項（戸籍法13条），氏名の記載順序（同14条），戸籍の記載手続（同15条）を定めており，コンピュータ戸籍について，戸籍法第120条第１項は，「（前略）戸籍又は除かれた戸籍が磁気ディスクをもつて調製されているときは，（中略）戸籍謄本等又は除籍謄本等に代えて，磁気ディスクをもつて調製された戸籍に記録されている事項の全部若しくは一部を証明した書面（中略）についてすることができる。」と規定しています。そしてこの書面の記載方法について，戸籍法施行規則第73条第６項は，付録第24号のひな形（著者注；戸籍証明書等の書面の記載のひな形，紙戸籍の場合の附録第６号戸籍の記載のひな形に対応するもの。）に定める相当欄にしなければならないとしています。この付録第24号のひな形は，どの欄にどのような事項を記録するかを網羅していますので，具体的移記記録の説明に入る前に，この付録第24号に示されているひな形（都道府県名の表示については９頁参照）を示し，このひな形戸籍が転籍した場合の新戸籍を示し，各事項欄をどのように移記するかを説明することにします。このことより，移記とは何かをつかみ取れるのではないかと思います。

転籍前のコンピュータシステムによる証明書記載例（付録第24号）

（６の１）　全　部　事　項　証　明

<table>
<tr><td>本　　　籍
氏　　　名</td><td>東京都千代田区平河町一丁目１０番地
甲野　義太郎</td></tr>
<tr><td>戸籍事項
　戸籍編製
　転　　籍</td><td>【編製日】平成４年１月１０日
【転籍日】平成５年３月６日
【従前の記録】
　　【本籍】東京都千代田区平河町一丁目４番地</td></tr>
<tr><td>戸籍に記録されている者</td><td>【名】義太郎

【生年月日】昭和４０年６月２１日　　【配偶者区分】夫
【父】甲野幸雄
【母】甲野松子
【続柄】長男</td></tr>
<tr><td>身分事項
　①出　　生</td><td>【出生日】昭和４０年６月２１日
【出生地】東京都千代田区
【届出日】昭和４０年６月２５日
【届出人】父</td></tr>
<tr><td>　②婚　　姻</td><td>【婚姻日】平成４年１月１０日
【配偶者氏名】乙野梅子
【従前戸籍】東京都千代田区平河町一丁目４番地　甲野幸雄</td></tr>
<tr><td>　③養子縁組</td><td>【縁組日】令和３年１月１７日
【共同縁組者】妻
【養子氏名】乙川英助
【送付を受けた日】令和３年１月２０日
【受理者】大阪市北区長</td></tr>
<tr><td>　④認　　知</td><td>【認知日】令和５年１月７日
【認知した子の氏名】丙山信夫
【認知した子の戸籍】千葉県千葉市中央区千葉港５番地　丙
　山竹子</td></tr>
<tr><td>戸籍に記録されている者</td><td>【名】梅子

【生年月日】昭和４１年１月８日　　【配偶者区分】妻
【父】乙野忠治
【母】乙野春子
【続柄】長女</td></tr>
<tr><td>身分事項
　①出　　生</td><td>【出生日】昭和４１年１月８日
【出生地】京都府京都市北区
【届出日】昭和４１年１月１０日</td></tr>
</table>

発行番号０００００１　　以下次頁

（6の2）　全　部　事　項　証　明

	【届出人】父
②婚　　姻	【婚姻日】平成４年１月１０日 【配偶者氏名】甲野義太郎 【従前戸籍】京都府京都市北区小山初音町１８番地　乙野梅子
③養子縁組	【縁組日】令和３年１月１７日 【共同縁組者】夫 【養子氏名】乙川英助 【送付を受けた日】令和３年１月２０日 【受理者】大阪府大阪市北区長
戸籍に記録されている者 除　　籍	【名】啓太郎 【生年月日】平成４年１１月２日 【父】甲野義太郎 【母】甲野梅子 【続柄】長男
身分事項 ①出　　生	【出生日】平成４年１１月２日 【出生地】東京都千代田区 【届出日】平成４年１１月１０日 【届出人】父
②推定相続人廃除	【推定相続人廃除の裁判確定日】令和２年３月１６日 【被相続人】父　甲野義太郎 【届出日】令和２年３月２０日 【届出人】父 【送付を受けた日】令和２年３月２３日 【受理者】大阪府大阪市北区長
婚　　姻	【婚姻日】令和３年３月６日 【配偶者氏名】丙野松子 【送付を受けた日】令和３年３月１０日 【受理者】神奈川県横浜市中区長 【新本籍】神奈川県横浜市中区昭和町１８番地 【称する氏】夫の氏
戸籍に記録されている者 除　　籍	【名】ゆり 【生年月日】平成６年２月１５日 【父】甲野義太郎 【母】甲野梅子 【続柄】長女
身分事項 出　　生	【出生日】平成６年２月１５日 【出生地】東京都千代田区

発行番号０００００１　　　　以下次頁

（６の３）　全部事項証明

	【届出日】平成６年２月１９日 【届出人】父
特別養子縁組	【特別養子縁組の裁判確定日】平成１１年１０月７日 【届出日】平成１１年１０月１２日 【届出人】養父母 【送付を受けた日】平成１１年１０月１６日 【受理者】大阪府大阪市北区長 【新本籍】東京都千代田区平河町一丁目１０番地 【縁組後の氏】丙山
①特別養子離縁	【特別養子離縁の裁判確定日】平成１８年１２月９日 【届出日】平成１８年１２月１５日 【届出人】父母 【新本籍】大阪府大阪市北区西天満二丁目６番地 【離縁後の氏】甲野
戸籍に記録されている者 除　籍	【名】みち 【生年月日】平成９年７月９日 【父】甲野義太郎 【母】甲野梅子 【続柄】二女
身分事項 出　生	【出生日】平成９年７月９日 【出生地】千葉県千葉市中央区 【届出日】平成９年７月１３日 【届出人】父 【送付を受けた日】平成９年７月１５日 【受理者】千葉県千葉市中央区長
婚　姻	【婚姻日】平成２８年１０月３日 【配偶者氏名】乙原信吉 【入籍戸籍】東京都千代田区平河町一丁目８番地　乙原信吉
戸籍に記録されている者 除　籍	【名】英子 【生年月日】昭和６２年３月１７日 【父】 【母】甲野梅子 【続柄】長女
身分事項 出　生	【出生日】昭和６２年３月１７日 【出生地】神奈川県横浜市中区 【届出日】昭和６２年３月１８日 【届出人】母 【送付を受けた日】昭和６２年３月２０日

発行番号０００００１　　　　以下次頁

（６の４）　全部事項証明

	【受理者】神奈川県横浜市中区長
①入　　籍	【届出日】平成１７年３月２０日 【入籍事由】母の氏を称する入籍 【従前戸籍】京都府京都市北区小山初音町１８番地　乙野梅子
養子縁組	【縁組日】平成１８年４月１２日 【養父氏名】乙野忠治 【養母氏名】乙野春子 【送付を受けた日】平成１８年４月１６日 【受理者】京都府京都市北区長 【入籍戸籍】京都府京都市北区小山初音町１８番地　乙野忠治
戸籍に記録されている者 除　　籍	【名】芳次郎 【生年月日】平成１８年１月６日 【父】甲野義太郎 【母】甲野梅子 【続柄】二男
身分事項 出　　生	【出生日】平成１８年１月６日 【出生地】千葉県千葉市中央区 【届出日】平成１８年１月１７日 【届出人】母 【送付を受けた日】平成１８年１月２０日 【受理者】千葉県千葉市中央区長
死　　亡	【死亡日】平成２４年１２月１３日 【死亡時分】午後８時３０分 【死亡地】東京都千代田区 【届出日】平成２４年１２月１５日 【届出人】親族　甲野義太郎
戸籍に記録されている者	【名】英助 【生年月日】平成２４年５月１日 【父】乙川孝助 【母】乙川冬子 【続柄】二男 【養父】甲野義太郎 【養母】甲野梅子 【続柄】養子
身分事項 ①出　　生	【出生日】平成２４年５月１日 【出生地】東京都千代田区 【届出日】平成２４年５月６日 【届出人】父

発行番号０００００１　　以下次頁

（６の５）　全　部　事　項　証　明

②養子縁組	【縁組日】令和３年１月１７日 【養父氏名】甲野義太郎 【養母氏名】甲野梅子 【代諾者】親権者父母 【送付を受けた日】令和３年１月２０日 【受理者】大阪府大阪市北区長 【従前戸籍】京都府京都市北区小山初音町２０番地　乙川孝助
戸籍に記録されている者 除　　籍	【名】みち 【生年月日】平成９年７月９日 【父】甲野義太郎 【母】甲野梅子 【続柄】二女
身分事項 出　　生	【出生日】平成９年７月９日 【出生地】千葉県千葉市中央区 【届出日】平成９年７月１３日 【届出人】父 【送付を受けた日】平成９年７月１５日 【受理者】千葉県千葉市中央区長
離　　婚	【離婚日】令和３年７月５日 【配偶者氏名】乙原信吉 【送付を受けた日】令和３年７月７日 【受理者】神奈川県横浜市中区長 【従前戸籍】神奈川県横浜市中区本町一丁目８番地　乙原信吉
分　　籍	【分籍日】令和３年８月２日 【新本籍】東京都中央区日本橋室町一丁目１番地
戸籍に記録されている者	【名】信夫 【生年月日】令和４年６月１日 【父】甲野義太郎 【母】丙山竹子 【続柄】長男
身分事項 ①出　　生	【出生日】令和４年６月１日 【出生地】東京都千代田区 【届出日】令和４年６月３日 【届出人】母 【送付を受けた日】令和４年６月１０日 【受理者】東京都千代田区長
②認　　知	【認知日】令和５年１月７日

発行番号０００００１　　　以下次頁

（６の６）　全 部 事 項 証 明

③入　　籍	【認知者氏名】甲野義太郎 【送付を受けた日】令和５年１月１０日 【受理者】東京都千代田区長
	【届出日】令和５年１月１５日 【入籍事由】父の氏を称する入籍 【届出人】親権者母 【従前戸籍】千葉県千葉市中央区千葉港５番地　丙山竹子
④親　　権	【親権者を定めた日】令和５年１月２０日 【親権者】父 【届出人】父母
戸籍に記録されている者	【名】啓二郎 【生年月日】平成３０年４月３日 【父】甲野義太郎 【母】甲野梅子 【続柄】三男
身分事項 ①出　　生	【出生日】平成３０年４月３日 【出生地】愛知県名古屋市中区 【届出日】平成３０年４月７日 【届出人】母
②民法８１７条の２	【民法８１７条の２による裁判確定日】令和５年２月１２日 【届出日】令和５年２月１５日 【届出人】父母 【従前戸籍】愛知県名古屋市中区三の丸四丁目３番　甲野啓 二郎
	以下余白

発行番号０００００１

これは，戸籍に記録されている事項の全部を証明した書面である。

令和何年何月何日

何市町村長氏名　職印

転籍後のコンピュータシステムによる証明書記載例

（3の1）　全 部 事 項 証 明

本　　籍 氏　　名	千葉県千葉市中央区千葉港５番地 甲野　義太郎
戸籍事項 　転　　籍	【転籍日】令和５年４月１０日 【従前本籍】東京都千代田区平河町一丁目１０番地
戸籍に記録されている者	【名】義太郎 【生年月日】昭和４０年６月２１日　　【配偶者区分】夫 【父】甲野幸雄 【母】甲野松子 【続柄】長男
身分事項 　出　　生	【出生日】昭和４０年６月２１日 【出生地】東京都千代田区 【届出日】昭和４０年６月２５日 【届出人】父
婚　　姻	【婚姻日】平成４年１月１０日 【配偶者氏名】乙野梅子 【従前戸籍】東京都千代田区平河町一丁目４番地　甲野幸雄
戸籍に記録されている者	【名】梅子 【生年月日】昭和４１年１月８日　　【配偶者区分】妻 【父】乙野忠治 【母】乙野春子 【続柄】長女
身分事項 　出　　生	【出生日】昭和４１年１月８日 【出生地】京都府京都市北区 【届出日】昭和４１年１月１０日 【届出人】父
婚　　姻	【婚姻日】平成４年１月１０日 【配偶者氏名】甲野義太郎 【従前戸籍】京都府京都市北区小山初音町１８番地　乙野梅子
戸籍に記録されている者	【名】英助 【生年月日】平成２４年５月１日 【父】乙川孝助 【母】乙川冬子

発行番号０００００２　　以下次頁

（3の2）　全 部 事 項 証 明

	【続柄】二男 【養父】甲野義太郎 【養母】甲野梅子 【続柄】養子
身分事項 　出　　生	【出生日】平成２４年５月１日 【出生地】東京都千代田区 【届出日】平成２４年５月６日 【届出人】父
養子縁組	【縁組日】令和３年１月１７日 【養父氏名】甲野義太郎 【養母氏名】甲野梅子 【代諾者】親権者父母 【送付を受けた日】令和３年１月２０日 【受理者】大阪府大阪市北区長 【従前戸籍】京都府京都市北区小山初音町２０番地　乙川孝助
戸籍に記録されている者	【名】啓二郎 【生年月日】平成３０年４月３日 【父】甲野義太郎 【母】甲野梅子 【続柄】三男
身分事項 　出　　生	【出生日】平成３０年４月３日 【出生地】愛知県名古屋市中区 【届出日】平成３０年４月７日 【届出人】母
民法８１７条の２	【民法８１７条の２による裁判確定日】令和５年２月１２日 【届出日】令和５年２月１５日 【届出人】父母 【従前戸籍】愛知県名古屋市中区三の丸四丁目３番　甲野啓二郎
戸籍に記録されている者	【名】信夫 【生年月日】令和４年６月１日 【父】甲野義太郎 【母】丙山竹子 【続柄】長男
身分事項 　出　　生	【出生日】令和４年６月１日

発行番号０００００２　　　　以下次頁

（3の3）　全 部 事 項 証 明

	【出生地】東京都千代田区 【届出日】令和４年６月３日 【届出人】母 【送付を受けた日】令和４年６月１０日 【受理者】東京都千代田区長
認　　知	【認知日】令和５年１月７日 【認知者氏名】甲野義太郎 【送付を受けた日】令和５年１月１０日 【受理者】東京都千代田区長
親　　権	【親権者を定めた日】令和５年１月２０日 【親権者】父 【届出人】父母
	以下余白

発行番号０００００２

これは，戸籍に記録されている事項の全部を証明した書面である。

令和何年何月何日

何市町村長氏名　職印

各欄の移記方法等について，以下に説明します。

○転籍前のコンピュータシステムによる記録事項証明書（付録第24号）

ア　戸籍の表示欄

管内転籍後の現在の本籍である「東京都千代田区平河町一丁目１０番地」は，転籍後の戸籍事項欄の【従前本籍】として記録することになります。

筆頭者の氏名は，転籍後の戸籍にそのまま移記します。

イ　戸籍事項欄

戸籍編製事項及び管内転籍事項は，移記事項ではありません。氏変更事項の記録がある場合は，移記事項ですから，移記をしなければなりません。

ウ　戸籍に記録されている者欄

転籍戸籍に移記しなければならない者については，転籍後のコンピュータシステムによる記録事項証明書記載例のとおりに，移記することになります。

エ　身分事項欄

各人の身分事項欄の記録について，個別に説明します。

a　「義太郎」について

①は，出生に関する事項ですから，転籍戸籍にそのまま移記します（戸規39条１項１号）。

②は，婚姻に関する事項であり，現に婚姻関係が継続していますから，そのまま移記します（戸規39条１項４号)。「【配偶者区分】夫」を設ける必要があります。

③は，養子縁組に関する事項ですが，養親については，移記を要しないとされています（戸規39条１項３号)。

④は，認知に関する事項ですが，認知者については，移記を要しないとされています（戸規39条１項２号)。

b　「梅子」について

①は，出生に関する事項ですから，転籍戸籍にそのまま移記します（戸規39条１項１号)。

②は，婚姻に関する事項であり，現に婚姻関係が継続していますから，そのまま移記します（戸規39条１項４号)。「【配偶者区分】妻」を設ける必要があります。

③は，養子縁組に関する事項ですが，養親については，移記を要しないとされています（戸規39条１項３号）。

ｃ 「啓太郎」について

啓太郎は，婚姻により除籍されていますので，転籍戸籍には，移記を要しないことになります（戸規37条３号）。ただし，婚姻による新戸籍には，①の出生に関する事項及び②の推定相続人の廃除に関する事項を移記することになります（戸規39条１項１号・６号）。推定相続人の廃除に関する事項は移記事項ですが，届出事件数も少ないため（全国で年間２桁台），見落としのないように注意を要します。

ｄ 「ゆり」について

ゆりは，特別養子となり，除籍されていますので，転籍戸籍には，移記を要しないことになります（戸規37条３号）。

なお，①の特別養子離縁により新戸籍を編製した旨の記載があります。離縁により養子について新戸籍を編製するときは，養子が特別養子縁組によって除籍された戸籍の養子の身分事項欄にも離縁事項を記載することとされているためです（昭和62年10月１日民二第5000号通達第６の２(2)ウ）。これは，特別養子離縁によって，養子について新戸籍を編製するとき等，養子の復籍する戸籍が特別養子縁組によって除籍された戸籍でないときは，特別養子縁組事項が記載されている養子の実方の戸籍を調査しても，養子が離縁したことが明らかにならないため，離縁によって養子と実方の父母及びその血族との親族関係が回復している事実が判明しないことになります。このようなことは，相続開始による相続人の調査に支障を来すなど，戸籍の公証の機能上問題があるので，養子が離縁をしたことを特別養子縁組によって除籍された戸籍にも離縁事項を記録することとしているのです。

ｅ 「みち」について

みちは，婚姻により除籍され，離婚により復籍しています（全部事項証明（６の５）（25頁）参照）が，分籍により再度除籍されていますので，転籍戸籍には，移記を要しないことになります（戸規37条３号）。

f　「英子」について

英子は，養子縁組により除籍されていますので，転籍戸籍には，移記を要しないことになります（戸規37条３号)。

なお，養子縁組により入籍する戸籍には，①の母の氏を称する入籍事項は，移記を要しません。

g　「芳次郎」について

芳次郎は，死亡により除籍されていますので，転籍戸籍には，移記を要しないことになります（戸規37条３号)。

h　「英助」について

①は，出生に関する事項ですから，転籍戸籍にそのまま移記します（戸規39条１項１号)。

②は，養子についての養子縁組に関する事項であり，現に養親子関係が継続していますので，移記を要することになります（戸規39条１項３号)。

i　「信夫」について

①は，出生に関する事項ですから，転籍戸籍にそのまま移記します（戸規39条１項１号)。

②は，嫡出でない子についての認知に関する事項ですから，移記を要することになります（戸規39条１項２号)。

この認知事項は，父の戸籍に入籍前の戸籍の記録とでは，記録内容について，一部相違します。従前戸籍の記録は，

・従前戸籍（千葉市中央区千葉港５番地丙山竹子戸籍）中信夫の身分事項欄

認　知	【認知日】令和５年１月７日 【認知者氏名】甲野義太郎 【認知者の戸籍】東京都千代田区平河町一丁目４番地 　　甲野義太郎 【送付を受けた日】令和５年１月１０日 【受理者】東京都千代田区長

となっています。ところが，父の氏を称する入籍の届出により認知事項を移記するに当たって，【認知者の戸籍】の記録を移記していません。

これは，被認知者が，認知者の戸籍に入籍（本例は，父の氏を称する入籍届）する場合の認知事項の移記は，認知事項中の【認知者の戸籍】の記録を省略して差し支えないとされているからです（昭和25年３月15日名古屋局管内戸研（決２）決議）。

③は，父の氏を称する入籍に関する事項ですから，移記を要しません。

④は，現に未成年者である者についての親権に関する事項ですから，移記を要することになります（戸規39条１項５号）。

j　「啓二郎」について

①は，出生に関する事項ですから，転籍戸籍にそのまま移記します（戸規39条１項１号）。

②は，特別養子縁組に関する事項ですから，移記を要することになります（戸規39条１項３号）。

特別養子縁組に関する事項は，婚姻の届出の際の審査をするときのために必要となる事項ですから，移記事項とされています。昭和62年10月１日付け民二第5000号通達第６の１⑷は，「特別養子を当事者とする婚姻の届出を受理するに際し必要があるときは，規則第63条（現行の戸籍法27条の３）の規定により縁組前の養子の戸籍の謄本を提出させ，又は縁組前の戸籍を調査することによって，近親婚による婚姻障害の要件を審査するものとする。」としています。

なお，転籍前の戸籍と転籍後の戸籍では，「信夫」と「啓二郎」の記録順序が違いますが，出生の前後による記録にしたためです（戸籍法14条２項，大正６年１月30日民第213号回答）。

転籍後の戸籍については，転籍後のコンピュータシステムによる証明書記載例を参照してください。

次に，各欄の移記について説明することにします。

2　戸籍の表示欄の移記

戸籍の表示欄とは，「本籍」と「筆頭者氏名」で表示されている最初の欄をいいます。改製又は再製の場合は，現在の記録をそのまま移記すれば足ります。

また，転籍の場合は，本籍は転籍後の本籍を記録し，氏名は転籍前の戸籍の記録のとおり（氏又は名の文字の更正等の申出があった場合は更正後）の氏名の字体で記載（移記）します。

3 戸籍事項欄の移記

戸籍事項欄の記録を移記するときとは，管外転籍により新戸籍を編製するとき及び戸籍（除籍）を再製するときです。コンピュータ戸籍では，再製の場合も磁気データで保存されているものを使用しますので，ここでは，管外転籍における移記について触れることにします。

戸籍事項欄に記録すべき事項については，戸籍法施行規則第34条に規定されています。

戸籍法施行規則第34条第１号は「新戸籍の編製に関する事項」，第２号は「氏の変更に関する事項」，第３号は「転籍に関する事項」，第４号は「戸籍の全部の消除に関する事項」，第５号は「戸籍の全部に係る訂正に関する事項」，第６号は「戸籍の再製又は改製に関する事項」と規定しています。また，管外転籍の場合の記録については，戸籍法施行規則第37条に規定され，戸籍事項欄についての記録は，同条第１号で「第34条第１号，第３号乃至第６号に掲げる事項」は移記を要しないと規定していますから，移記すべき事項は「氏の変更に関する事項」（戸規34条２号）のみとなります。

氏の変更に関する事項は，①戸籍法第69条の２の氏変更，②戸籍法第73条の２の氏変更，③戸籍法第75条の２の氏変更，④戸籍法第77条の２の氏変更，⑤戸籍法第107条第１項から第４項までの氏変更ですから，これらに関する事項は，全て移記を要することになります。例えば，一つの戸籍に，戸籍法第77条の２の氏変更事項，戸籍法第107条第２項の氏変更事項及び戸籍法第107条第３項の氏変更事項の記録がある場合は，これら全てを移記しなければならないということになります。

次に，具体的な事例を示して説明することにします。特に断りのないときは，各事例の移記前のコンピュータシステムによる証明書記載例とは，転籍前のものをいい，移記後のコンピュータシステムによる証明書記載例とは，転籍後のものをいいます。

⑴　戸籍法第77条の２の届出事項がある場合

ア　改製戸籍（コンピュータ戸籍）に戸籍法第77条の２の届出事項の記録，離婚の届出と同時に戸籍法第77条の２の届出による新戸籍を編製した旨若しくは離婚により復籍した者又は離婚により新戸籍が編製され，他に在籍者がある者から戸籍法第77条の２の届出があり新戸籍を編製した旨の記録がある場合

・改製戸籍（コンピュータ戸籍）に戸籍法第77条の２の届出事項の記載がある場合

図１-①　移記前の戸籍のコンピュータシステムによる証明書記載例

	全部事項証明
本　　籍 氏　　名	東京都千代田区平河町一丁目４番地 甲野　梅子
戸籍事項 　氏の変更 　戸籍改製	 【氏変更日】平成１６年２月２２日 【氏変更の事由】戸籍法７７条の２の届出 【改製日】平成２０年３月３０日 【改製事由】平成６年法務省令第５１号附則第２条第１項による改製

図１-②　移記後の戸籍のコンピュータシステムによる証明書記載例

	全部事項証明
本　　籍 氏　　名	京都府京都市北区小山初音町２０番地 甲野　梅子
戸籍事項 　氏の変更 　転　　籍	 【氏変更日】平成１６年２月２２日 【氏変更の事由】戸籍法７７条の２の届出 【転籍日】令和４年４月１０日 【従前本籍】東京都千代田区平河町一丁目４番地

・離婚の届出と同時に戸籍法第77条の2の届出による新戸籍の場合

図2-①　移記前の戸籍のコンピュータシステムによる証明書記載例

	全部事項証明
本　　籍 氏　　名	東京都千代田区平河町一丁目4番地 甲野　梅子
戸籍事項 　氏の変更 　戸籍編製	 【氏変更日】令和6年7月4日 【氏変更の事由】戸籍法77条の2の届出 【編製日】令和6年7月4日

図2-②　移記後の戸籍のコンピュータシステムによる証明書記載例

	全部事項証明
本　　籍 氏　　名	京都府京都市北区小山初音町20番地 甲野　梅子
戸籍事項 　氏の変更 　転　　籍	 【氏変更日】令和6年7月4日 【氏変更の事由】戸籍法77条の2の届出 【転籍日】令和6年11月5日 【従前本籍】東京都千代田区平河町一丁目4番地

・離婚により復籍した者又は離婚により新戸籍が編製され，他に在籍者が在る者から戸籍法第77条の2の届出があり新戸籍を編製した場合

図3-①　移記前の戸籍のコンピュータシステムによる証明書記載例

	全部事項証明
本　　籍 氏　　名	東京都千代田区平河町一丁目4番地 甲野　梅子
戸籍事項 　氏の変更 　戸籍編製	 【氏変更日】令和6年9月8日 【氏変更の事由】戸籍法77条の2の届出 【編製日】令和6年9月8日

図3－②　移記後の戸籍のコンピュータシステムによる証明書記載例

	全　部　事　項　証　明
本　　　籍 氏　　　名	京都府京都市北区小山初音町２０番地 甲野　梅子
戸籍事項 　氏の変更 　転　　籍	【氏変更日】令和６年９月８日 【氏変更の事由】戸籍法７７条の２の届出 【転籍日】令和６年１１月５日 【従前本籍】東京都千代田区平河町一丁目４番地

図１－①は，改製戸籍（コンピュータ戸籍）に戸籍法77条の２の届出事項の記録がある場合です。

図１－②は，移記（転籍）後のコンピュータシステムによる証明書記載例を示したものです。

図２－①は，移記前のコンピュータシステムによる証明書記載例を示したものです。

これは，離婚の届出と同時に戸籍法第77条の２の届出があった場合の新戸籍の場合です。

図２－②は，移記（転籍）後のコンピュータシステムによる証明書記載例を示したものです。

図３－①は，移記前のコンピュータシステムによる証明書記載例を示したものです。

これは，離婚により復籍した者又は離婚により新戸籍が編製され，他に在籍者が在る者から戸籍法第77条の２の届出があり新戸籍を編製した場合です。

図３－②は，移記（転籍）後のコンピュータシステムによる証明書記載例を示したものです。

図１－①，図２－①及び**図３－①**の移記前の戸籍の氏の変更事項は，【氏変更日】が相違するのみで，基本的には同じパターンです。この違いは，身分事項欄に記録されている氏の変更事項により，判断すること

になります。ただし，**図1**-①については，改製戸籍ですから，身分事項欄の氏変更事項は移記事項ではありませんので，その記録はありません。

図2-①の身分事項欄の記録は，次のとおりです。

離　　婚	【離婚日】令和6年7月4日 【配偶者氏名】甲野義太郎
氏の変更	【氏変更日】令和6年7月4日 【氏変更の事由】戸籍法77条の2の届出 【従前戸籍】東京都千代田区平河町一丁目4番地　甲 野義太郎

図3-①の身分事項欄の記録は，次のとおりです。

離　　婚	【離婚日】令和6年7月4日 【配偶者氏名】甲野義太郎 【従前戸籍】東京都千代田区平河町一丁目4番地　甲 野義太郎
氏の変更	【氏変更日】令和6年9月8日 【氏変更の事由】戸籍法77条の2の届出 【新本籍】東京都千代田区平河町一丁目4番地 【称する氏】甲野

図1-②，**図2**-②及び**図3**-②は，いずれも転籍地における移記後の戸籍ですが，転籍地においては全て同様の移記記録になります。

イ　離婚により新戸籍を編製されている者から届出があった場合において，他に在籍者がないときの記録がある場合

図4-①　移記前のコンピュータシステムによる証明書記載例

	全部事項証明
本　　籍 氏　　名	東京都千代田区平河町一丁目4番地 甲野　梅子
戸籍事項 　戸籍編製 　氏の変更	 【編製日】令和4年5月8日 【氏変更日】令和4年7月4日 【氏変更の事由】戸籍法77条の2の届出 【従前の記録】 　【氏】乙野

図４-②　移記後のコンピュータシステムによる証明書記載例

	全 部 事 項 証 明
本　　　籍 氏　　　名	京都府京都市北区小山初音町２０番地 甲野　梅子
戸籍事項 　氏の変更 　転　　籍	 【氏変更日】令和４年７月４日 【氏変更の事由】戸籍法７７条の２の届出 【転籍日】令和５年１０月２０日 【従前本籍】東京都千代田区平河町一丁目４番地

図４-①は，移記前のコンピュータシステムによる証明書記載例を示したものです。

図４-②は，移記（転籍）後のコンピュータシステムによる証明書記載例を示したものです。

本例は，離婚により復氏すると同時に新戸籍編製の申出により新戸籍が編製されている者から，戸籍法第77条の２の届出があった場合において，他に在籍者がないときのものです。

この場合は，身分事項欄に戸籍法第77条の２の届出事項を記録するとともに，戸籍事項欄に氏変更事項を記録します。変更前の氏は，【従前の記録】として表示することになります。

移記（転籍）後の戸籍事項欄には，転籍事項を記録する前に従前戸籍に記録されている氏の変更事項をそのまま移記します。

⑵　戸籍法第107条第１項の届出事項がある場合

図５-①　移記前のコンピュータシステムによる証明書記載例

	全 部 事 項 証 明
本　　　籍 氏　　　名	東京都千代田区平河町一丁目４番地 若佐　義太郎

戸籍事項 　　戸籍編製 　　氏の変更	 【編製日】平成２５年４月１０日 【氏変更日】令和４年１月１８日 【氏変更の事由】戸籍法１０７条１項の届出 【従前の記録】 　　【氏】我謝

図５-②　移記後のコンピュータシステムによる証明書記載例

	全部事項証明
本　　籍	大阪府大阪市北区西天満二丁目６番地
氏　　名	若佐　義太郎
戸籍事項 　　氏の変更 　　転　　籍	 【氏変更日】令和４年１月１８日 【氏変更の事由】戸籍法１０７条１項の届出 【転籍日】令和６年４月１日 【従前本籍】東京都千代田区平河町一丁目４番地

図５-①は，移記前のコンピュータシステムによる証明書記載例を示したものです。

図５-②は，移記（転籍）後のコンピュータシステムによる証明書記載例を示したものです。

戸籍法第107条第１項の氏変更の届出の効力は，同一戸籍内にある全ての者に及びます（昭和24年９月１日民事甲第1935号回答）。したがって，この氏変更事項は，戸籍事項欄に記録することになります（戸規34条２号）。

移記（転籍）後の戸籍事項欄には，転籍事項を記録する前に従前戸籍に記録されている氏の変更事項をそのまま移記します。

紙戸籍における氏の変更事項の現行記載例は，「年月日戸籍法107条１項の氏変更届出」としていますが，従来の記載は，「氏『我謝』を『若佐』と変更」又は「氏を『若佐』と変更」などとしていました。紙戸籍にこのような記載がある場合において，これをコンピュータ戸籍又は紙戸籍に移記するときは，現行記載例に引き直してすることになります。したがって，コンピュータ戸籍に移記するときは，本例と同様になります。

⑶　戸籍法第107条第２項の届出事項がある場合

図６-①　移記前のコンピュータシステムによる証明書記載例

	全部事項証明
本　　　籍	東京都千代田区平河町一丁目４番地
氏　　　名	ファンデンボッシュ　梅子
戸籍事項 　戸籍編製 　氏の変更	 【編製日】令和２年７月１０日 【氏変更日】令和２年７月１０日 【氏変更の事由】戸籍法１０７条２項の届出 【従前の記録】 　【氏】乙野

図６-②　移記後のコンピュータシステムによる証明書記載例

	全部事項証明
本　　　籍	京都府京都市北区小山初音町２０番地
氏　　　名	ファンデンボッシュ　梅子
戸籍事項 　氏の変更 　転　　籍	 【氏変更日】令和２年７月１０日 【氏変更の事由】戸籍法１０７条２項の届出 【転籍日】令和５年９月１４日 【従前本籍】東京都千代田区平河町一丁目４番地

図６-①は，移記前のコンピュータシステムによる証明書記載例を示したものです。

図６-②は，移記（転籍）後のコンピュータシステムによる証明書記載例を示したものです。

本例は，戸籍法第107条第２項の届出の記録がある場合です。

外国人と婚姻した日本人の氏は，婚姻を契機として変動することはありません（昭和26年12月28日民事甲第2424号回答）が，日本人配偶者がその氏を外国人配偶者の称している氏に変更しようとする場合は，その婚姻の日から６か月以内に限り，家庭裁判所の許可を得ることなく，戸籍法第107条第２項の届出により氏を変更することができます。変更後の氏は，届出人の身分事項欄に記録されている外国人配偶者の氏と異なる氏を変更後の氏とすることはできません。ただし，外国人配偶者の氏のうち，その本国法によって子に継承される可能性のない部分は，外国人配偶者の称している氏には含まれないので，その部分を除いたものを変更後の氏とすることになります（昭和59年11月１日民二第5500号通達第２の４(1)イ）。なお，戸籍法第107条第２項の氏の変更届出に関する事項は，身分事項欄にも記録することとされています（戸規35条13号）が，身分事項欄の記録は，移記事項ではありません。

本例の戸籍法第107条第２項の届出は，その届出人の戸籍に同籍者がない場合の記録例です。戸籍法第107条第２項の氏変更の届出があった場合において，その届出人の戸籍に同籍者があるときは，届出人について新戸籍を編製することになります。この氏変更の効果は同籍者には及ばないからです（戸籍法20条の２第１項，昭和59年11月１日民二第5500号通達第２の４(1)カ）。この場合の氏変更の記録は，次のようになります。

・氏変更届による新戸籍の戸籍事項欄

氏の変更	【氏変更日】令和４年１０月１日 【氏変更の事由】戸籍法１０７条２項の届出
戸籍編製	【編製日】令和４年１０月１日

・氏変更届による新戸籍のその者の身分事項欄

出　　生	（出生事項省略）
婚　　姻	（婚姻事項省略）
氏の変更	【氏変更日】令和４年１０月１日 【氏変更の事由】戸籍法１０７条２項の届出 【従前戸籍】東京都千代田区平河町一丁目４番地　乙野梅子

・氏変更届による従前戸籍の身分事項欄

氏の変更	【氏変更日】令和４年１０月１日 【氏変更の事由】戸籍法１０７条２項の届出 【新本籍】東京都千代田区平河町一丁目４番地

｜【変更後の氏】ファンデンボッシュ

⑷　戸籍法第107条第３項の届出事項がある場合

図７－①　移記前のコンピュータシステムによる証明書記載例

	全部事項証明
本　　籍 氏　　名	東京都千代田区平河町一丁目４番地 乙野　梅子
戸籍事項 　氏の変更 　戸籍編製	 【氏変更日】令和６年１２月１０日 【氏変更の事由】戸籍法１０７条３項の届出 【編製日】令和６年１２月１０日

図７－②　移記後のコンピュータシステムによる証明書記載例

	全部事項証明
本　　籍 氏　　名	京都府京都市北区小山初音町２０番地 乙野　梅子
戸籍事項 　氏の変更 　転　　籍	 【氏変更日】令和６年１２月１０日 【氏変更の事由】戸籍法１０７条３項の届出 【転籍日】令和７年９月１４日 【従前本籍】東京都千代田区平河町一丁目４番地

図７－①は，移記前のコンピュータシステムによる証明書記載例を示したものです。

図７－②は，移記（転籍）後のコンピュータシステムによる証明書記載例を示したものです。

本例は，戸籍法第107条第３項の届出の記録がある場合です。

戸籍法第107条第３項の氏の変更の届出は，日本人が外国人と婚姻し，その氏を外国人配偶者の称している氏に変更した場合において，外国人配偶者との婚姻が解消した日から３か月以内に限り，家庭裁判所の許可を得ることなく，上記届出によりその氏を変更前の氏に変更することができます。

なお，戸籍法第107条第３項の氏の変更届出に関する事項は，身分事項欄にも記録することとされています（戸規35条13号）が，身分事項欄の記録は，移記事項ではありません。

本例の戸籍法第107条第３項の届出は，その届出人の戸籍に同籍者がある場合の記録例です。戸籍法第107条第３項の氏変更の届出があった場合において，その届出人の戸籍に同籍者があるときは，届出人について新戸籍を編製することになります。この氏変更の効果は同籍者には及ばないからです（戸籍法20条の２第１項，昭和59年11月１日民二第5500号通達第２の４⑵イ）。この場合，従前戸籍の戸籍事項欄に記録がある戸籍法第107条第２項の届出事項は，移記されないことになります。これは，管外転籍ではないことから，このように戸籍法第107条第３項の届出事項のみを記録することになります。

氏変更する者の戸籍に他に同籍者がないときの氏変更の記録は，次のようになります。

・現在戸籍の戸籍事項欄

戸籍編製	【編製日】令和３年３月１０日
氏の変更	【氏変更日】令和３年４月１０日 【氏変更の事由】戸籍法１０７条２項の届出 【従前の記録】 　　【氏】乙野
氏の変更	【氏変更日】令和７年３月３０日 【氏変更の事由】戸籍法１０７条３項の届出 【従前の記録】 　　【氏】ファンデンボッシュ

・現在戸籍のその者の身分事項欄

婚　　姻	外国人ファンデンボッシュとの婚姻事項
氏の変更	【氏変更日】令和３年４月１０日 【氏変更の事由】戸籍法１０７条２項の届出
離　　婚	外国人ファンデンボッシュとの離婚事項
氏の変更	【氏変更日】令和７年３月３０日 【氏変更の事由】戸籍法１０７条３項の届出

(5)　戸籍法第107条第２項及び同条第３項の届出事項がある場合

図８-①　移記前のコンピュータシステムによる証明書記載例

	全　部　事　項　証　明
本　　　籍	東京都千代田区平河町一丁目４番地
氏　　　名	乙野　梅子
戸籍事項 　戸籍編製 　氏の変更 　氏の変更	 【編製日】令和３年２月１２日 【氏変更日】令和３年２月１２日 【氏変更の事由】戸籍法１０７条２項の届出 【従前の記録】 　　【氏】乙野 【氏変更日】令和５年７月１０日 【氏変更の事由】戸籍法１０７条３項の届出 【従前の記録】 　　【氏】ファンデンボッシュ

図８-②　移記後のコンピュータシステムによる証明書記載例

	全　部　事　項　証　明
本　　　籍	京都府京都市北区小山初音町２０番地
氏　　　名	乙野　梅子
戸籍事項 　氏の変更 　氏の変更 　転　　籍	 【氏変更日】令和３年２月１２日 【氏変更の事由】戸籍法１０７条２項の届出 【氏変更日】令和５年７月１０日 【氏変更の事由】戸籍法１０７条３項の届出 【転籍日】令和５年９月１４日 【従前本籍】東京都千代田区平河町一丁目４番地

図８-①は，移記前のコンピュータシステムによる証明書記載例を示したものです。

図８-②は，移記（転籍）後のコンピュータシステムによる証明書記載例を示したものです。

本例は，戸籍法第107条第２項及び第３項の氏変更の届出の記録がある場合です。

本例のように，戸籍法第107条第２項及び第３項の氏変更の二つの届出の記録がある場合は，氏変更の全ての届出事項を移記することになります。これは，氏の変更に関する事項は，全て移記事項とされているからです（戸規37条）。

身分事項欄に記録されている戸籍法第107条第２項及び第３項の氏変更の届出事項は，移記を要しません。

例えば，転籍前の戸籍に次のような氏変更事項がある場合は，

・転籍前の戸籍の戸籍事項欄

氏の変更	【氏変更日】令和３年４月１０日 【氏変更の事由】戸籍法１０７条２項の届出
氏の変更	【氏変更日】令和４年３月３０日 【氏変更の事由】戸籍法１０７条３項の届出
転　　籍	（転籍事項省略）
氏の変更	【氏変更日】令和８年４月３０日 【氏変更の事由】戸籍法１０７条１項の届出 【従前の記録】 　　【氏】甲山

転籍後の戸籍には，次のように移記をします。

・転籍後の戸籍の戸籍事項欄

氏の変更	【氏変更日】令和３年４月１０日 【氏変更の事由】戸籍法１０７条２項の届出
氏の変更	【氏変更日】令和４年３月３０日 【氏変更の事由】戸籍法１０７条３項の届出
氏の変更	【氏変更日】令和８年４月３０日 【氏変更の事由】戸籍法１０７条１項の届出
転　　籍	（転籍事項省略）

(6) 戸籍法第107条第３項の氏の変更届をした場合に，その者の戸籍に同籍者がある場合

図９－①　離婚届前のコンピュータシステムによる証明書記載例

（1の1）　全 部 事 項 証 明

本　　籍 氏　　名	東京都千代田区平河町一丁目４番地 ファンデンボッシュ　梅子
戸籍事項 　戸籍編製 　氏の変更	 【編製日】令和３年１月２８日 【氏変更日】令和３年２月１２日 【氏変更の事由】戸籍法１０７条２項の届出 【従前の記録】 　【氏】乙野
戸籍に記録されている者	【名】梅子 【生年月日】平成４年１月８日　　　【配偶者区分】妻 【父】乙野忠治 【母】乙野春子 【続柄】長女
身分事項 　出　　生	 （出生事項省略）
婚　　姻	【婚姻日】令和３年１月１８日 【配偶者氏名】ファンデンボッシュ，ウェイン 【従前戸籍】東京都千代田区平河町一丁目４番地　乙野忠治
氏の変更	【氏変更日】令和３年２月１２日 【氏変更の事由】戸籍法１０７条２項の届出
戸籍に記録されている者	【名】麻利亜 【生年月日】令和４年１２月１８日 【父】ファンデンボッシュ，ウェイン 【母】ファンデンボッシュ梅子 【続柄】長女
身分事項 　出　　生	 （出生事項省略）
	以下余白

発行番号０００００１

図９－②　離婚届後のコンピュータシステムによる証明書記載例

（2の1）　全 部 事 項 証 明

本　　籍	東京都千代田区平河町一丁目４番地
氏　　名	ファンデンボッシュ　梅子
戸籍事項 　戸籍編製 　氏の変更	 【編製日】令和３年１月２８日 【氏変更日】令和３年２月１２日 【氏変更の事由】戸籍法１０７条２項の届出 【従前の記録】 　　【氏】乙野
戸籍に記録されている者 除　籍	【名】梅子 【生年月日】平成４年１月８日 【父】乙野忠治 【母】乙野春子 【続柄】長女
身分事項 　出　生	 （出生事項省略）
婚　姻	【婚姻日】令和３年１月１８日 【配偶者氏名】ファンデンボッシュ，ウェイン 【従前戸籍】東京都千代田区平河町一丁目４番地　乙野忠治
氏の変更	【氏変更日】令和３年２月１２日 【氏変更の事由】戸籍法１０７条２項の届出
離　婚	【離婚日】令和７年４月１０日 【配偶者氏名】ファンデンボッシュ，ウェイン
氏の変更	【氏変更日】令和７年４月１０日 【氏変更の事由】戸籍法１０７条３項の届出 【新本籍】東京都千代田区平河町一丁目４番地 【変更後の氏】乙野
戸籍に記録されている者	【名】麻利亜 【生年月日】令和４年１２月１８日 【父】ファンデンボッシュ，ウェイン 【母】乙野梅子 【続柄】長女
身分事項 　出　生	 （出生事項省略）
親　権	【親権者を定めた日】令和７年４月１０日 【親権者】母 【届出人】父母

発行番号０００００１　　　　以下次頁

（2の2）　全 部 事 項 証 明

更　　正	【更正日】令和７年４月１０日 【更正事項】母の氏名 【更正事由】母氏変更 【従前の記録】 　　【母】ファンデンボッシュ梅子
	以下余白

発行番号０００００１

図９-③　戸籍法第107条第３項の届出による新戸籍のコンピュータシステムによる証明書記載例

（1の1）　全 部 事 項 証 明 書

本　　籍	東京都千代田区平河町一丁目４番地
氏　　名	乙野　梅子
戸籍事項 　氏の変更 　戸籍編製	 【氏変更日】令和７年４月１０日 【氏変更の事由】戸籍法１０７条３項の届出 【編製日】令和７年４月１０日
戸籍に記録されている者	【名】梅子 【生年月日】平成４年１月８日 【父】乙野忠治 【母】乙野春子 【続柄】長女
身分事項 　出　　生	 （出生事項省略）
氏の変更	【氏変更日】令和７年４月１０日 【氏変更の事由】戸籍法１０７条３項の届出 【従前戸籍】東京都千代田区平河町一丁目４番地　ファンデンボッシュ梅子
	以下余白

発行番号０００００１

図９－①は，離婚届前のコンピュータシステムによる証明書記載例を示したものです。

図９－②は，離婚届後のコンピュータシステムによる証明書記載例を示したものです。

図９－③は，戸籍法第107条第３項の届出による新戸籍のコンピュータシステムによる証明書記載例を示したものです。

本例は，戸籍法第107条第３項の氏変更の届出をする者の戸籍に子がある場合です。

本例のように，戸籍法第107条第３項の氏変更の届出をする者の戸籍に同籍者がある場合は，氏変更をする者について，新戸籍を編製することになります。法定記載例番号190及び191は，この例の記載例を示したものです。

ところで，戸籍法施行規則第37条は，管外転籍をする場合には，転籍地の戸籍には氏の変更に関する事項を記載しなければならないとしています。本例は，氏の変更の届出により新戸籍を編製する場合ですから，従前戸籍の戸籍事項欄に記録されている氏の変更に関する事項（戸籍法107条２項の届出事項）は，移記事項とはなりませんので，注意を要します。

また，本例は，届出人の子の母欄の氏を更正していますが，これは，外国人との離婚による氏の変更届書「その他」欄に母欄の母の氏を更正する旨の申出がされていたからです。

⑺　戸籍法第１０７条第４項の届出事項がある場合

この届出事項については，前記までを参考としてください。

4 戸籍の筆頭に記録されている者の移記

(1) 筆頭者が死亡している場合

図10-① 移記前のコンピュータシステムによる証明書記載例

（2の1）　全部事項証明

本　　籍 氏　　名	東京都千代田区平河町一丁目４番地 乙野　英二郎
戸籍事項 　戸籍編製	【編製日】平成３０年１０月１日
戸籍に記録されている者 除　籍	【名】英二郎 【生年月日】昭和５８年５月１０日 【父】甲野幸雄 【母】甲野松子 【続柄】二男 【養父】乙野忠治 【続柄】養子
身分事項 　出　生	（出生事項省略）
婚　姻	【婚姻日】平成２２年５月５日 【配偶者氏名】乙野梅子 【従前戸籍】東京都千代田区平河町一丁目４番地　甲野幸雄
養子縁組	【縁組日】平成３０年１０月１日 【養父氏名】乙野忠治 【養親の戸籍】京都府京都市北区小山初音町１８番地　乙野忠治 【従前戸籍】東京都千代田区平河町一丁目４番地　甲野英二郎
死　亡	【死亡日】令和３年１１月１９日 【死亡時分】午後１０時３０分 【死亡地】東京都千代田区 【届出日】令和３年１１月２０日 【届出人】親族　乙野梅子
戸籍に記録されている者	【名】梅子 【生年月日】昭和６０年１月８日 【父】乙野忠治 【母】乙野春子 【続柄】長女

発行番号０００００１　　以下次頁

（2の2）　全　部　事　項　証　明

身分事項 　出　　生	（出生事項省略）
婚　　姻	【婚姻日】平成２２年5月5日 【配偶者氏名】甲野英二郎 【従前戸籍】京都府京都市北区小山初音町１８番地　乙野忠治
配偶者の縁組	（配偶者の縁組による入籍事項省略）
配偶者の死亡	【配偶者の死亡日】令和３年１１月１９日
	以下余白

発行番号０００００１

図10-②　移記後のコンピュータシステムによる証明書記載例

（1の1）　全部事項証明書

本　　籍 氏　　名	京都府京都市北区小山初音町２０番地 乙野　英二郎
戸籍事項 　転　　籍	【転籍日】令和６年４月１日 【従前本籍】東京都千代田区平河町一丁目４番地
戸籍に記録されている者 除　　籍	【名】英二郎 【生年月日】昭和５８年５月１０日 【父】甲野幸雄 【母】甲野松子 【続柄】二男 【養父】乙野忠治 【続柄】養子
戸籍に記録されている者	【名】梅子 【生年月日】昭和６０年１月８日 【父】乙野忠治 【母】乙野春子 【続柄】長女
身分事項 　出　　生	（出生事項省略）
	以下余白

発行番号０００００１

図10-①は，移記前のコンピュータシステムによる証明書記載例を示したものです。

図10-②は，移記（転籍）後のコンピュータシステムによる証明書記載例を示したものです。

本例は，戸籍の筆頭に記録した者の死亡後に，生存配偶者が管外転籍する場合です。

戸籍の筆頭に記録した者については，管外転籍又は戸籍改製により新戸籍を編製するときに，その者が除籍されている場合においても，常に移記しなければならないとしています（戸規37条３号）。しかし，身分事項欄に記録した事項は，移記することを要しないとしています（同条４号）。これは，戸籍の検索機能上の要請からのものです。戸籍の筆頭に記録する者は，婚姻の際に夫の氏を称するときは夫，妻の氏を称するときは妻を記録するとしている（戸籍法14条１項）からです。

本例の戸籍の筆頭者は，養子となっていますので，養父欄も移記することになります（後記６の⑵オの事例（238頁）との違いです。）。

転籍後の戸籍は，従前戸籍の筆頭に記録した者については，戸籍に記録されている者欄の記録を全部移記し，同欄に「除籍マーク」を表示します。生存配偶者については，従前戸籍に記録されている身分事項中，戸籍法施行規則第39条第１項各号の重要な身分事項を移記することになります。本例の場合は，出生事項のみを移記すれば足ります。

(2) 筆頭者の配偶者が日本国籍を喪失しているが，その夫婦の婚姻関係が継続している場合

図11－① 移記前のコンピュータシステムによる証明書記載例

（１の１）　全 部 事 項 証 明

本　　籍 氏　　名	東京都千代田区平河町一丁目４番地 甲野　義太郎
戸籍事項 　戸籍編製	【編製日】平成３０年１０月１０日
戸籍に記録されている者	【名】義太郎 【生年月日】平成元年６月２６日　　　【配偶者区分】夫 【父】甲野幸雄 【母】甲野松子 【続柄】長男
身分事項 　出　　生	（出生事項省略）
婚　　姻	【婚姻日】平成３０年１０月１０日 【配偶者氏名】乙野梅子 【従前戸籍】東京都千代田区平河町一丁目４番地　甲野幸雄
配偶者の国籍喪失	【配偶者の国籍】アメリカ合衆国
戸籍に記録されている者 除　　籍	【名】梅子 【生年月日】昭和５６年１月８日　　　【配偶者区分】妻 【父】乙野忠治 【母】乙野春子 【続柄】長女
身分事項 　出　　生	（出生事項省略）
婚　　姻	【婚姻日】平成３０年１０月１０日 【配偶者氏名】甲野義太郎 【従前戸籍】京都府京都市北区小山初音町１８番地　乙野忠治
国籍喪失	【国籍喪失日】令和５年９月９日 【喪失時の外国籍】アメリカ合衆国 【喪失事由】日本国籍の離脱 【報告日】令和５年９月１５日 【報告者】東京法務局長
	以下余白

発行番号０００００１

図11－②　移記後のコンピュータシステムによる証明書記載例

（１の１）　全部事項証明

本　　　籍 氏　　　名	大阪府大阪市北区西天満二丁目６番地 甲野　義太郎
戸籍事項 　転　　籍	 【転籍日】令和６年９月１５日 【従前本籍】東京都千代田区平河町一丁目４番地
戸籍に記録されている者	 【名】義太郎 【生年月日】平成元年６月２６日　　　【配偶者区分】夫 【父】甲野幸雄 【母】甲野松子 【続柄】長男
身分事項 　出　　生	 （出生事項省略）
婚　　姻	【婚姻日】平成３０年１０月１０日 【配偶者氏名】乙野梅子 【従前戸籍】東京都千代田区平河町一丁目４番地　甲野幸雄
配偶者の国籍喪失	【配偶者の国籍】アメリカ合衆国
	以下余白

発行番号０００００１

図11－①は，移記前のコンピュータシステムによる証明書記載例を示したものです。

図11－②は，移記（転籍）後のコンピュータシステムによる証明書記載例を示したものです。

本例は，筆頭者の配偶者が日本国籍を喪失していますが，その夫婦の婚姻関係が継続している場合です。

管外転籍又は戸籍改製により新戸籍を編製するときは，重要な身分事項である，出生事項（戸規39条１項１号），婚姻事項及び配偶者の国籍に関する事項（同項４号）を移記することになります。この場合，婚姻が継続していますので，【配偶者区分】を設けることに注意を要します。また，従前戸籍については，配偶者を除籍するに当たって，「戸籍に記録されている者」欄に「除籍マーク」を表示しますが，【配偶者区分】の表示はそのままとしておきます。これは，婚姻関係が継続しているためです。

配偶者については，日本国籍を喪失していますので，転籍戸籍には移記することを要しません（戸規37条３号）。

なお，日本国籍を喪失した配偶者について，その氏名を変更したので婚姻事項中の配偶者の氏名変更の旨の記録申出がされた場合は，変更後の氏名を記録することになります。この場合，転籍後の戸籍には，婚姻事項と氏変更の申出事項を，次のようにそれぞれ移記することになります。

・移記前のコンピュータ戸籍（夫の身分事項欄）

婚　　姻	【婚姻日】平成３０年１０月１０日 【配偶者氏名】乙野梅子 【従前戸籍】東京都千代田区平河町一丁目４番地　甲野 　幸雄
配偶者の国籍喪失	【配偶者の国籍】アメリカ合衆国
配偶者の氏名変更	【記録日】令和５年１２月１０日 【変更後の氏名】コウノ，マリアアプリコット

・移記後のコンピュータ戸籍（夫の身分事項欄）

婚　　姻	【婚姻日】平成３０年１０月１０日 【配偶者氏名】乙野梅子

	【従前戸籍】東京都千代田区平河町一丁目4番地　甲野幸雄
配偶者の国籍喪失	【配偶者の国籍】アメリカ合衆国
配偶者の氏名変更	【変更後の氏名】コウノ，マリアアプリコット

5　身分事項の移記

(1)　出生に関する事項

本書では，①出生事項の記載がない場合，②出生事項中の出生場所の記載（例えば，「本籍で出生」，「満州国○○県……で出生」等）等の移記方法については，省略しています。本書は，コンピュータシステムによる処理を中心とした戸籍記録の移記について触れていますので，これらの例がないことを前提としています。

なお，紙戸籍からコンピュータ戸籍に改製する際には，前記の括弧書きのような出生場所等の記載がある場合の移記方法については，拙著「実務戸籍記載の移記」に示してありますので，それを参照してください。

ア　届出人の資格氏名が「母の親権者父乙山孝一」とある場合

(4)　特別養子縁組のイを参照してください（175頁）。

イ　国籍留保の届出

a　出生の届出を母が行い，父が国籍留保の届出をした旨の記録がある場合

図12-①　移記前のコンピュータシステムによる証明書記載例

（1の1）　全 部 事 項 証 明

本　　籍 氏　　名	東京都千代田区平河町一丁目４番地 甲野　義太郎
戸籍事項 　戸籍編製	（編製事項省略）
戸籍に記録されている者	【名】啓太郎 【生年月日】平成２７年１２月６日 【父】甲野義太郎 【母】甲野梅子 【続柄】長男
身分事項 　出　生	【出生日】平成２７年１２月６日 【出生地】ブラジル国サンパウロ州サンパウロ市 【届出日】平成２７年１２月１５日 【届出人】母 【国籍留保の届出日】平成２７年１２月１５日 【国籍留保の届出人】父 【送付を受けた日】平成２８年１月１９日 【受理者】在サンパウロ総領事
	以下余白

発行番号０００００１

図12-② 移記後のコンピュータシステムによる証明書記載例

(1の1)	全 部 事 項 証 明
本　　籍	大阪府大阪市北区西天満二丁目6番地
氏　　名	甲野　義太郎
戸籍事項 転　　籍	(転籍事項省略)
戸籍に記録されている者	【名】啓太郎 【生年月日】平成27年12月6日 【父】甲野義太郎 【母】甲野梅子 【続柄】長男
身分事項 出　　生	【出生日】平成27年12月6日 【出生地】ブラジル国サンパウロ州サンパウロ市 【届出日】平成27年12月15日 【届出人】母 【国籍留保の届出日】平成27年12月15日 【国籍留保の届出人】父 【送付を受けた日】平成28年1月19日 【受理者】在サンパウロ総領事
	以下余白

発行番号000001

図12-①は，移記前のコンピュータシステムによる証明書記載例を示したものです。

図12-②は，移記（転籍）後のコンピュータシステムによる証明書記載例を示したものです。

本例は，外国で生まれた子について，出生の届出とともに国籍留保の届出をしたものですが，母が出生の届出をし，父が国籍留保の意思表示をした旨の記録がある場合です。

国籍留保の届出は，外国で出生した日本人の子が出生によって日本の国籍を取得すると同時に外国の国籍をも取得する（重国籍となる）場合に，日本の国籍を留保する旨の届出です。この届出は，出生の届出をすることができる者（戸籍法52条３項の規定によって届出をすべき者を除く。）が，出生の日から３か月以内に，出生の届出とともにしなければならない（戸籍法104条１項・２項）としています。

また，国籍留保の届出は，必ずしも出生の届出人と同じ者でなくとも，出生の届出をすることができる者であれば，届出をすることができます。外国に在る日本領事館に備え付けてある出生届書には，届書中に「日本国籍を留保する旨」の欄があらかじめ印刷されていますので，このような届出がされることもあります。

本例は，従前戸籍の記録事項をそのまま移記することになります。

b　天災その他届出義務者の責めに帰することのできない事由の旨の記録がある場合

図13-①　移記前のコンピュータシステムによる証明書記載例

（1の1）　全部事項証明

本　　籍 氏　　名	東京都千代田区平河町一丁目４番地 甲野　義太郎
戸籍事項 　戸籍編製	(編製事項省略)
戸籍に記録されている者	【名】啓太郎 【生年月日】平成２７年１０月１４日 【父】甲野義太郎 【母】甲野梅子 【続柄】長男
身分事項 　出　　生	【出生日】平成２７年１０月１４日 【出生地】ブラジル国サンパウロ州サンパウロ市 【届出日】平成２８年1月１７日 【届出人】父 【国籍留保の届出日】平成２８年1月１７日 【送付を受けた日】平成２８年2月２８日 【受理者】在サンパウロ総領事 【特記事項】責めに帰することのできない事由のため期間経過
	以下余白

発行番号０００００１

図13-②　移記後のコンピュータシステムによる証明書記載例

（1の1）　全 部 事 項 証 明

本　　籍 氏　　名	大阪府大阪市北区西天満二丁目６番地 甲野　義太郎
戸籍事項 転　　籍	（転籍事項省略）
戸籍に記録されている者	【名】啓太郎 【生年月日】平成２７年１０月１４日 【父】甲野義太郎 【母】甲野梅子 【続柄】長男
身分事項 出　　生	【出生日】平成２７年１０月１４日 【出生地】ブラジル国サンパウロ州サンパウロ市 【届出日】平成２８年１月１７日 【届出人】父 【国籍留保の届出日】平成２８年１月１７日 【送付を受けた日】平成２８年２月２８日 【受理者】在サンパウロ総領事 【特記事項】責めに帰することのできない事由のため期間経過
	以下余白

発行番号０００００１

図13-①は，移記前のコンピュータシステムによる証明書記載例を示したものです。

図13-②は，移記（転籍）後のコンピュータシステムによる証明書記載例を示したものです。

本例は，国籍留保の旨の届出が届出人の責めに帰することのできない事由のため期間経過の旨の記録がある場合です。

国籍留保の届出は，外国で出生した日本人の子が出生によって日本の国籍を取得すると同時に外国の国籍をも取得した場合に，日本国籍を留保する旨の意思表示をする届出であることについては，前例で説明したとおりです。

この届出は，出生の届出をすることができる者が，出生の日から３か月以内にしなければならない（戸籍法104条１項・２項）としています。しかし，天災その他届出義務者の責めに帰することのできない事由によって期間内に届出をすることができないときは，届出をすることができるに至った時から14日以内にするとしています（同条３項）。

このような届出があったときは，管轄法務局の長に受理照会をして，管轄法務局の長の指示を得ることが必要です。

なお，在外公館の長が，遅延理由書を添付した出生届及び国籍留保届を受理し，これが本籍地市区町村長に送付された場合，在外公館の長は，戸籍法第40条により，市区町村長と同一の職務権限を有する戸籍事務管掌者であり，遅延理由書を添付した出生届を受理する権限もあります。そして，これに疑義があれば，外務省を経由して法務省に照会し，その受否を決することとされています（昭和46年６月24日民事二発第158号通知）。したがって，在外公館から届出期間経過後の届書が送付された場合は，特段の疑義がない限り，これを更に管轄法務局の長に処理照会する必要はないものと考えます。

届出人の責めに帰することができない事由によって届出期間を経過した場合は，その旨の記録を【特記事項】のインデックスを用いてその旨を記録することになります。この記録は，日本国籍を留保していることを戸籍上（戸籍の記録）で明確にする必要がありますので，移記事項となります。

本例は，【特記事項】を含め，従前戸籍の記録をそのまま移記することになります。

c　届出期間内に届出された出生届に国籍を留保する旨の追完の記録がある場合

図14-①　移記前のコンピュータシステムによる証明書記載例

（1の1）　全部事項証明

本　　籍 氏　　名	東京都千代田区平河町一丁目4番地 甲野　義太郎
戸籍事項 　戸籍編製	（編製事項省略）
戸籍に記録されている者	【名】啓太郎 【生年月日】平成27年12月10日 【父】甲野義太郎 【母】甲野梅子 【続柄】長男
身分事項 　出　生	【出生日】平成27年12月10日 【出生地】ブラジル国サンパウロ州サンパウロ市 【届出日】平成28年1月7日 【届出人】父 【国籍留保の届出日】平成28年3月27日 【送付を受けた日】平成28年2月18日 【受理者】在サンパウロ総領事
追　完	【追完日】平成28年3月27日 【追完の内容】国籍留保 【届出人】父 【送付を受けた日】平成28年4月18日 【受理者】在サンパウロ総領事 【記録の内容】 　【国籍留保の届出日】平成28年3月27日
	以下余白

発行番号000001

図14-②　移記後のコンピュータシステムによる証明書記載例

（1の1）　全　部　事　項　証　明

本　　　籍	大阪府大阪市北区西天満二丁目６番地
氏　　　名	甲野　義太郎
戸籍事項 転　　籍	（転籍事項省略）
戸籍に記録されている者	【名】啓太郎 【生年月日】平成２７年１２月１０日 【父】甲野義太郎 【母】甲野梅子 【続柄】長男
身分事項 出　　生	【出生日】平成２７年１２月１０日 【出生地】ブラジル国サンパウロ州サンパウロ市 【届出日】平成２８年１月７日 【届出人】父 【国籍留保の届出日】平成２８年１月７日 【送付を受けた日】平成２８年２月１８日 【受理者】在サンパウロ総領事
	以下余白

発行番号０００００１

図14-①は，移記前のコンピュータシステムによる証明書記載例を示したものです。

図14-②は，移記（転籍）後のコンピュータシステムによる証明書記載例を示したものです。

本例は，出生により外国の国籍を取得した日本国民で国外で生まれた子の出生届が３か月以内に届出され，これを受理し，戸籍の記載後，国籍留保の旨の意思表示が届書に記載されていないことが判明し，追完の届出により国籍留保の旨の記録がある場合です。

届出期間内に国籍留保の意思表示が明記されていない出生届書が送付されてきた場合は，届出人に国籍留保の旨の追完をさせる取扱いとなっています（昭和35年６月20日民事甲第1495号回答）。また，この場合に，届出人の住所不明，死亡などで追完させることができないときはその旨を付せん等により明らかにし，所定の期間内に届出がされている限り，出生の届出自体をもって国籍留保の意思表示と解して差し支えないとしています（昭和32年６月３日民事甲第1052号回答）。

したがって，本例の場合は，届出期間内に出生の届出がされ，国籍留保の追完もされていることから，この記録を移記するときは，通常の国籍留保とともに出生の届出があったときと同様の記載例（法定記載例番号３）に引き直して移記することになります（戸籍633号88頁）。したがって，移記後の【国籍留保の届出日】は，出生届の【届出日】の日付に引き直して移記することになります（当初から国籍留保とともに出生の届出があったとするものです。）。移記する際には，この点を注意する必要があります。

なお，出生の届出をした父が何らかの事情により追完の届出をすることができないため，この追完届を母(注)がしている場合も同様，【国籍留保の届出日】は，当初の出生の届出日に引き直して移記し，追完事項は，移記を要しないことになります。この場合の記録例は，次のようになります。

・移記前のコンピュータ戸籍

出　生	【出生日】平成２７年１２月１０日 【出生地】ブラジル国サンパウロ州サンパウロ市 【届出日】平成２８年1月7日

	【届出人】父 【国籍留保の届出日】平成２８年3月２７日 【国籍留保の届出人】母 【送付を受けた日】平成２８年2月１８日 【受理者】在サンパウロ総領事
追　完	【追完日】平成２８年3月２７日 【追完の内容】国籍留保 【届出人】母 【送付を受けた日】平成２８年4月１８日 【受理者】在サンパウロ総領事 【記録の内容】 　　【国籍留保の届出日】平成２８年3月２７日 　　【国籍留保の届出人】母

・移記後のコンピュータ戸籍

出　生	【出生日】平成２７年１２月１０日 【出生地】ブラジル国サンパウロ州サンパウロ市 【届出日】平成２８年1月7日 【届出人】父 【国籍留保の届出日】平成２８年1月7日 【国籍留保の届出人】母 【送付を受けた日】平成２８年2月１８日 【受理者】在サンパウロ総領事

これは，前記ａと同様です。

(注) 追完の届出人は，基本の届出をした届出人がするのが原則ですが，基本の届出についてその届出人以外の届出をすべき者があれば，その者からでもすることができます（大正３年12月28日民第1962号回答)。本例は，母も出生届出義務者ですから，母が追完の届出をすることができることになります。

d　届出期間経過後に追完届がされ，戸籍法第104条第３項に該当する国籍留保の旨の記録がある場合

図15-①　移記前のコンピュータシステムによる証明書記載例

（1の1）　全部事項証明

本　　籍 氏　　名	東京都千代田区平河町一丁目４番地 甲野　義太郎
戸籍事項 　戸籍編製	（編製事項省略）
戸籍に記録されている者	【名】啓太郎 【生年月日】平成２８年２月１０日 【父】甲野義太郎 【母】甲野梅子 【続柄】長男
身分事項 　出　　生	【出生日】平成２８年２月１０日 【出生地】ブラジル国サンパウロ州サンパウロ市 【届出日】平成２８年５月２４日 【届出人】父 【国籍留保の届出日】平成２８年７月２７日 【送付を受けた日】平成２８年６月１８日 【受理者】在サンパウロ総領事 【特記事項】責めに帰することのできない事由のため期間経過
追　　完	【追完日】平成２８年７月２７日 【追完の内容】国籍留保 【届出人】父 【送付を受けた日】平成２８年８月２８日 【受理者】在サンパウロ総領事 【記録の内容】 　【国籍留保の届出日】平成２８年７月２７日 【特記事項】平成２８年９月１８日記録
訂　　正	【訂正日】平成２８年９月１８日 【許可日】平成２８年９月１６日 【記録の内容】 　【特記事項】責めに帰することのできない事由のため期間経過
	以下余白

発行番号０００００１

図15-② 移記後のコンピュータシステムによる証明書記載例

（1の1） 全部事項証明

本　　籍	大阪府大阪市北区西天満二丁目６番地
氏　　名	甲野　義太郎
戸籍事項 転　　籍	（転籍事項省略）
戸籍に記録されている者	【名】啓太郎 【生年月日】平成２８年２月１０日 【父】甲野義太郎 【母】甲野梅子 【続柄】長男
身分事項 出　　生	【出生日】平成２８年２月１０日 【出生地】ブラジル国サンパウロ州サンパウロ市 【届出日】平成２８年５月２４日 【届出人】父 【国籍留保の届出日】平成２８年５月２４日 【送付を受けた日】平成２８年６月１８日 【受理者】在サンパウロ総領事 【特記事項】責めに帰することのできない事由のため期間経過
	以下余白

発行番号０００００１

図15－①は，移記前のコンピュータシステムによる証明書記載例を示したものです。

図15－②は，移記（転籍）後のコンピュータシステムによる証明書記載例を示したものです。

本例は，届出期間経過後に届け出られた国籍留保の旨の意思表示のない出生届を誤って受理し，戸籍の記録後，届出人に届出人の責めに帰することのできない事由についての申述書等を提出させた上，管轄法務局の長に処理照会し，同時に戸籍法第24条第２項の戸籍訂正許可の申請を併せて行い，管轄法務局の長から処理して差し支えない旨の回答及び戸籍訂正許可を得てした記録がある場合のものです。

この場合も前例と同様の理由により，法定記載例番号４（嫡出子の出生届（天災その他届出義務者の責めに帰することのできない事由により期間経過後に国籍留保とともに届出があった場合））に引き直して移記することになります（戸籍633号88頁）。

なお，従前戸籍の段落ちタイトル追完の記録中，【特記事項】として記録した日を明らかにしていますが，これは，コンピュータのファイル仕様書には，追完の身分事項項目に【記録日】の項目がないためです。また，出生事項の訂正日と同一の日であることを明らかにするためです。

前例と同様，この追完届が，出生の届出をすることができる母がしている場合も同様，追完事項は，移記を要しないことになります。この場合の記録例は，前例と同様，【国籍留保の届出日】の日付けを，出生届の【届出日】に引き直します。

ウ　出生届書未着の記録がある場合

a　出生事項中に入籍の遅延理由が記録されている場合

図16-① 移記前のコンピュータシステムによる証明書記載例

（１の１）　全 部 事 項 証 明

本　　籍 氏　　名	東京都千代田区平河町一丁目４番地 甲野　義太郎
戸籍事項 　戸籍編製	（編製事項省略）
戸籍に記録されている者	【名】啓太郎 【生年月日】平成２４年１２月１４日 【父】甲野義太郎 【母】甲野梅子 【続柄】長男
身分事項 　出　　生	【出生日】平成２４年１２月１４日 【出生地】東京都世田谷区 【届出日】平成２４年１２月２１日 【届出人】父 【送付を受けた日】平成２８年２月２８日 【受理者】東京都世田谷区長 【特記事項】東京都世田谷区長からの届書送付未着につき再送付
	以下余白

発行番号０００００１

図16-②　移記後のコンピュータシステムによる証明書記載例

（1の1）　全 部 事 項 証 明

本　　　籍 氏　　　名	大阪府大阪市北区西天満二丁目６番地 甲野　義太郎
戸籍事項 　転　　籍	（転籍事項省略）
〜〜〜	〜〜〜
戸籍に記録されている者	【名】啓太郎 【生年月日】平成２４年１２月１４日 【父】甲野義太郎 【母】甲野梅子 【続柄】長男
身分事項 　出　　生	【出生日】平成２４年１２月１４日 【出生地】東京都世田谷区 【届出日】平成２４年１２月２１日 【届出人】父 【送付を受けた日】平成２８年2月２８日 【受理者】東京都世田谷区長 【特記事項】東京都世田谷区長からの届書送付未着につき再送付
〜〜〜	〜〜〜
	以下余白

発行番号０００００１

図16-①は，移記前のコンピュータシステムによる証明書記載例を示したものです。

図16-②は，移記（転籍）後のコンピュータシステムによる証明書記載例を示したものです。

本例は，出生届書が本籍地市区町村長に未着であったため，受理市区町村長から届書の再送付を受け，出生事項中に入籍の遅延事由の記録がある場合です。非本籍地の市区町村長が受理した出生届書が，本籍地市区町村長に未着のため，出生子の入籍の記録がされていない場合があります。この場合の出生子の入籍の取扱いとしては，本籍地市区町村長が，受理地の市区町村長から，当該届書の謄本又は届出人が提出した出生届出に関する事項の申出書の送付を受けて，これに基づいて戸籍の記録をします。

しかし，これについては，届出後，相当の期間経過後に入籍の記録がされることから，届出人が届出を忘失したためか，又は子の身分関係に問題があったために，入籍の記録が遅れたようにも受け取られかねません。そのようなことで，子どもの将来に支障を来すのではないかとの危惧から，出生事項中に入籍の遅延事由を記録してもらいたいとする届出人からの要請により，昭和55年３月26日付け民二第1914号通知が発出されました。

その後，平成７年７月７日の最高裁判所第二小法廷判決を受け，平成７年12月26日付け民二第4491号通達「戸籍の届書等の到達確認について」と題する法務省民事局長通達が発出されています（戸籍645号１頁）。これは，戸籍の届出等の未着事故の発生を早期に把握し，速やかに事後の措置を講ずることができるようにするためのもので，届書等の到達確認を積極的に推進することとしています。この取扱いにより，現在は，届出等の未着事案は発生していないものと思われます。

出生事項の記録に遅延事由が補記されたものについて，転籍により新戸籍を編製する場合又は養子縁組等により他の戸籍に入籍する場合の移記の方法については，そのまま移記して差し支えありません。

なお，事件本人又は法定代理人から遅延事由を省略して移記してほしい旨の申出があった場合は，その旨を届書の「その他」欄に記載してもらい通常の出生事項に引き直して移記することになります。

b　後日遅延事由記録の申出があり補記記録されている場合

図17-①　移記前のコンピュータシステムによる証明書記載例

（1の1）　全 部 事 項 証 明

本　　籍 氏　　名	東京都千代田区平河町一丁目４番地 甲野　義太郎
戸籍事項 　戸籍編製	（編製事項省略）
戸籍に記録されている者	【名】啓太郎 【生年月日】平成２４年１２月１４日 【父】甲野義太郎 【母】甲野梅子 【続柄】長男
身分事項 　出　　生	【出生日】平成２４年１２月１４日 【出生地】東京都世田谷区 【届出日】平成２４年１２月２１日 【届出人】父 【送付を受けた日】平成３０年４月８日 【受理者】東京都世田谷区長 【特記事項】東京都世田谷区長からの届書送付未着につき入籍の記録遅延
記　　録	【記録日】平成３０年４月２０日 【記録事由】申出 【記録の内容】 　【特記事項】東京都世田谷区長からの届書送付未着につき入籍の記録遅延
	以下余白

発行番号０００００１

図17-② 移記後のコンピュータシステムによる証明書記載例

	(1の1) 全部事項証明
本　　籍	大阪府大阪市北区西天満二丁目6番地
氏　　名	甲野　義太郎
戸籍事項 転　　籍	(転籍事項省略)
戸籍に記録されている者	【名】啓太郎 【生年月日】平成24年12月14日 【父】甲野義太郎 【母】甲野梅子 【続柄】長男
身分事項 出　　生	【出生日】平成24年12月14日 【出生地】東京都世田谷区 【届出日】平成24年12月21日 【届出人】父 【送付を受けた日】平成30年4月8日 【受理者】東京都世田谷区長 【特記事項】東京都世田谷区長からの届書送付未着につき入籍の記録遅延
	以下余白

発行番号000001

図17-①は，移記前のコンピュータシステムによる証明書記載例を示したものです。

図17-②は，移記（転籍）後のコンピュータシステムによる証明書記載例を示したものです。

本例は，出生届書の遅延事由の記録申出が後日あり，その補記記録がある場合です。

入籍の遅延事由の記録がない出生事項について，事件本人又は法定代理人若しくは出生届の届出人から入籍の遅延事由の補記について申出があった場合は，本例のように段落ちタイトル「記録」を用いて「【特記事項】」として，出生事項に記録することになります。

このような記録がある場合についても，移記の方法は前例と同様となります。

なお，事件本人又は法定代理人から遅延事由を省略して移記してほしい旨の申出があった場合は，その旨を届書の「その他」欄に記載してもらい通常の出生事項に引き直して移記することになります。

エ　管轄法務局の長の指示を得て受理した旨の記録（【入籍日】）がある場合

図18-①　移記前のコンピュータシステムによる証明書記載例

（1の1）　全 部 事 項 証 明

本　　籍	東京都千代田区平河町一丁目４番地
氏　　名	甲野　義太郎
戸籍事項 　戸籍編製	（編製事項省略）
戸籍に記録されている者	【名】啓太郎 【生年月日】平成２７年１２月１４日 【父】甲野義太郎 【母】甲野梅子 【続柄】長男
身分事項 　出　　生	【出生日】平成２７年１２月１４日 【出生地】東京都千代田区 【届出日】令和４年５月２０日 【届出人】父 【入籍日】令和４年６月１１日
	以下余白

発行番号０００００１

図18-②　移記後のコンピュータシステムによる証明書記載例

（1の1）　全 部 事 項 証 明

本　　　籍	大阪府大阪市北区西天満二丁目6番地
氏　　　名	甲野　義太郎
戸籍事項 　転　　籍	（転籍事項省略）
〜〜〜	〜〜〜
戸籍に記録されている者	【名】啓太郎 【生年月日】平成２７年１２月１４日 【父】甲野義太郎 【母】甲野梅子 【続柄】長男
身分事項 　出　　生	【出生日】平成２７年１２月１４日 【出生地】東京都千代田区 【届出日】令和４年５月２０日 【届出人】父
〜〜〜	〜〜〜
	以下余白

発行番号０００００１

図18-①は，移記前のコンピュータシステムによる証明書記載例を示したものです。

図18-②は，移記（転籍）後のコンピュータシステムによる証明書記載例を示したものです。

本例は，管轄法務局の長の指示を得て受理した旨の記録がある場合です。

出生届の受理に当たって，管轄法務局の長に受理照会をすべきものがあります。例えば，①出生証明書の添付がない出生届（昭和23年12月1日民事甲第1998号回答一），②学齢に達した子の出生届（昭和34年8月27日民事甲第1545号通達），③50歳以上の者を母とする子につき，出生施設が医療法上の病院であることを確認できない場合の出生届（昭和36年9月5日民事甲第2008号通達，平成26年7月3日民一第737号通達），④無国籍者を父とする嫡出子等の出生届（昭和57年7月6日民二第4265号通達）等があります。この④については，無国籍者を父母として日本で出生した子又は無国籍者を母として日本で出生した嫡出でない子に限られ，母が日本人のときは受理照会を必要としません。また，非本籍地で受理された出生届が，本籍地に送付されたところ，内容に疑義があるとして，管轄法務局の長に処理照会をする場合があります。このように，受理照会又は処理照会をした場合の戸籍の記録は，参考記載例番号9によります。

移記前の戸籍の出生事項は，受理照会をし，管轄法務局の長の指示を得て，実際に処理した日を明らかにするため，入籍日を記録し，届出日との間の時間差を埋めることにしたものです。

このような記録がある場合の移記の方法については，処理日，すなわち【入籍日】のインデックスは移記を要しないことになります（戸籍610号70頁）。

オ　離婚後300日以内に出生した出生届出未済の子について，前夫との嫡出子否認の裁判の謄本を添付して後夫から届出された旨の記録がある場合

図19-①　移記前のコンピュータシステムによる証明書記載例

（１の１）　全部事項証明

本　　籍 氏　　名	千葉県千葉市中央区千葉港５番地 丙山　二郎
戸籍事項 　戸籍編製	（編製事項省略）
戸籍に記録されている者	【名】啓太郎 【生年月日】平成２８年２月１２日 【父】丙山二郎 【母】丙山梅子 【続柄】長男
身分事項 　出　　生	【出生日】平成２８年２月１２日 【出生地】埼玉県さいたま市浦和区 【届出日】平成２８年６月２０日 【届出人】父 【送付を受けた日】平成２８年６月２４日 【受理者】埼玉県さいたま市浦和区長 【特記事項】平成２８年６月１１日甲野義太郎の嫡出子否認の裁判確定
	以下余白

発行番号０００００１

図19-② 移記後のコンピュータシステムによる証明書記載例

(1の1) 全 部 事 項 証 明

本　　籍 氏　　名	大阪府大阪市北区西天満二丁目６番地 丙山　二郎
戸籍事項 転　　籍	(転籍事項省略)
戸籍に記録されている者	【名】啓太郎 【生年月日】平成２８年２月１２日 【父】丙山二郎 【母】丙山梅子 【続柄】長男
身分事項 出　　生	【出生日】平成２８年２月１２日 【出生地】埼玉県さいたま市浦和区 【届出日】平成２８年６月２０日 【届出人】父 【送付を受けた日】平成２８年６月２４日 【受理者】埼玉県さいたま市浦和区長
	以下余白

発行番号０００００１

図19-①は，移記前のコンピュータシステムによる証明書記載例を示したものです。

図19-②は，移記（転籍）後のコンピュータシステムによる証明書記載例を示したものです。

本例は，離婚後300日以内に出生した出生届未済の子について，前夫の嫡出子否認の裁判の謄本を添付して後夫からされた嫡出子の出生届の旨の記録（参考記載例番号７）がある場合です。

妻が婚姻中に懐胎した子は夫の子と推定するとされています（民法772条１項）。また，婚姻の成立の日から200日を経過した後又は婚姻の解消若しくは取消しの日から300日以内に生まれた子は，婚姻中に懐胎したものと推定するとされています（同条２項）。したがって，夫婦同居中に妻が懐胎した子は，民法第772条により夫の子と推定を受ける嫡出子となります。

夫は，民法第772条に該当する子が嫡出であることを否認することができます（民法774条）。推定を受ける嫡出子の父性を否認できるのは夫だけです。嫡出否認の訴えは，夫が子の出生を知った時から１年以内にこれを提起しなければならないとされています（民法777条）。

離婚後300日以内に出生した子について，出生届出前に，前夫との嫡出子否認の裁判が確定し，その謄本を添付して後夫から嫡出子の出生届がされた場合は，子は後夫の戸籍，すなわち実父母の戸籍に直ちに入籍することになります（昭和48年10月17日民二第7884号回答）。

本例の移記方法は，【特記事項】のインデックス部分を省略して移記します。これは，当初の入籍戸籍に記録があればよいためです。当初の入籍戸籍に記録があればよいとは，前夫との嫡出性が否認されたことが分かり，入籍した戸籍に間違いがないことを明らかにするためです。

カ　離婚後300日以内に出生した出生届出未済の子について，父子関係不存在確認の裁判の謄本を添付して母から届出された旨の記録がある場合

図20-① 移記前のコンピュータシステムによる証明書記載例

（1の1）　全部事項証明書

本　　　籍 氏　　　名	東京都千代田区平河町一丁目４番地 乙野　梅子
戸籍事項 　戸籍編製	（編製事項省略）
戸籍に記録されている者	【名】啓太郎 【生年月日】平成３０年８月１１日 【父】 【母】乙野梅子 【続柄】長男
身分事項 　出　　生	【出生日】平成３０年８月１１日 【出生地】東京都千代田区 【届出日】平成３０年１２月２０日 【届出人】母 【特記事項】平成３０年１２月９日甲野義太郎との親子関係不存在確認の裁判確定
	以下余白

発行番号０００００１

図20-②　移記後のコンピュータシステムによる証明書記載例

（1の1）　全部事項証明

本　　籍	大阪府大阪市北区西天満二丁目６番地
氏　　名	乙野　梅子
戸籍事項 　転　籍	（転籍事項省略）
戸籍に記録されている者	【名】啓太郎 【生年月日】平成３０年８月１１日 【父】 【母】乙野梅子 【続柄】長男
身分事項 　出　生	【出生日】平成３０年８月１１日 【出生地】東京都千代田区　　、 【届出日】平成３０年１２月２０日 【届出人】母
	以下余白

発行番号０００００１

図20-①は，移記前のコンピュータシステムによる証明書記載例を示したものです。

図20-②は，移記（転籍）後のコンピュータシステムによる証明書記載例を示したものです。

本例は，離婚後300日以内に出生した出生届出未済の子について，父子関係不存在確認の裁判の謄本を添付して母からされた嫡出でない子の出生届の旨の記録（参考記載例番号12）がある場合です。

婚姻の成立の日から200日を経過した後又は婚姻の解消若しくは取消しの日から300日以内に生まれた子は，婚姻中に懐胎したものと推定するとされています（民法772条２項）。

子と父との間の親子関係不存在確認の裁判が確定すると，子は嫡出でない子となりますから，出生当時の母の氏を称し（民法790条２項），出生当時の母の戸籍に直ちに入籍することになります（戸籍法18条２項）。

また，嫡出でない子の戸籍における父母との続柄の記録は，母との関係のみにより認定し，母が分娩した嫡出でない子の出生の順により，戸籍の父母との続柄欄に「長男（長女)」,「二男（二女)」等と記録するものとしています（平成16年11月１日民一第3008号通達記１）。

本例は，【特記事項】のインデックス部分を省略して移記します。これは，当初の入籍戸籍に記録があればよいためです。当初の入籍戸籍に記録があればよいとは，後日，父子関係について疑義が生じないようにするため，すなわち戸籍記録の正当性を担保するためです。

キ　婚姻の解消又は取消し後300日以内に生まれた子の出生の届出の旨の記録がある場合

図21-①　移記前のコンピュータシステムによる証明書記載例

（1の1）　全部事項証明

本　　　籍 氏　　　名	東京都千代田区平河町一丁目１０番地 乙野　梅子
戸籍事項 　戸籍編製	【編製日】平成３１年２月１日
戸籍に記録されている者	【名】梅子 【生年月日】平成元年１月８日 【父】乙野忠治 【母】乙野春子 【続柄】長女
身分事項 　出　　生	（出生事項省略）
離　　婚	【離婚日】平成３１年２月１日 【配偶者氏名】甲野義太郎 【従前戸籍】東京都千代田区平河町一丁目４番地　甲野義太郎
戸籍に記録されている者	【名】啓太郎 【生年月日】令和元年１１月１１日 【父】 【母】乙野梅子 【続柄】長男
身分事項 　出　　生	【出生日】令和元年１１月１１日 【出生地】東京都千代田区 【届出日】令和元年１１月２１日 【届出人】母 【入籍日】令和元年１２月１５日 【特記事項】民法第７７２条の推定が及ばない
	以下余白

発行番号０００００１

図21-② 移記後のコンピュータシステムによる証明書記載例

（1の1） 全部事項証明

本　　　籍 氏　　　名	京都府京都市北区小山初音町２０番地 乙野　梅子
戸籍事項 　転　　籍	（転籍事項省略）
戸籍に記録されている者	【名】梅子 【生年月日】平成元年１月８日 【父】乙野忠治 【母】乙野春子 【続柄】長女
身分事項 　出　　生	（出生事項省略）
戸籍に記録されている者	【名】啓太郎 【生年月日】令和元年１１月１１日 【父】 【母】乙野梅子 【続柄】長男
身分事項 　出　　生	【出生日】令和元年１１月１１日 【出生地】東京都千代田区 【届出日】令和元年１１月２１日 【届出人】母
	以下余白

発行番号０００００１

図21－①は，移記前のコンピュータシステムによる証明書記載例を示したものです。

図21－②は，移記（転籍）後のコンピュータシステムによる証明書記載例を示したものです。

本例は，婚姻解消（離婚後）300日以内に生まれた子について，離婚後に懐胎したとする医師の証明書（懐胎時期に関する証明書）を添付して母からされた出生届及びその届出を受理照会した旨の記録がある場合です。

婚姻の成立の日から200日を経過した後又は婚姻の解消若しくは取消しの日から300日以内に生まれた子は，婚姻中に懐胎したものと推定するとされています（民法772条２項）。

ところが，離婚後300日以内に生まれた子であっても，実際は，離婚調停が長引いたり，夫が行方不明であったりということから，離婚が成立するまでに相当の期間が掛かるなどの事情があり，実際は，前夫の子ではないことがあります。このようなことから，離婚後300日以内に生まれた子の出生の届出をしないこともあるようです（出生の届出をすることにより前夫の戸籍に入籍することになるため）。

このようなことから，婚姻の解消又は取消し後300日以内に生まれた子のうち，医師の作成した証明書を提出することにより，婚姻の解消又は取消し後の懐胎であることを証明することができる事案については，民法第772条の推定が及ばないものとして，出生の届出を受理する通達が発出されています（平成19年５月７日民一第1007号通達）。

本例は，母については離婚事項，出生子については【入籍日】及び【特記事項】のインデックス部分を省略して移記します。これは，当初の入籍戸籍に記録があればよいためです。当初の入籍戸籍に記録があればよいとは，本例の場合は，当初の母の戸籍に離婚事項の記録がありますので，母の離婚後300日以内の出生子であることが戸籍面上明らかです。また，母が復籍した場合においては，出生の届出により母について新戸籍を編製しますが，将来，相続が発生した場合に疑義が生じないようにするためです。

ク　嫡出でない子の父の氏名が戸籍に記録されていない場合において，事実主義法制に基づき父の氏名を記録する旨の追完がされている場合

図22-①　移記前のコンピュータシステムによる証明書記載例

（1の1）　全 部 事 項 証 明

本　　籍 氏　　名	東京都千代田区平河町一丁目１０番地 乙野　梅子
戸籍事項 　戸籍編製	（編製事項省略）
戸籍に記録されている者	【名】啓太郎 【生年月日】平成３０年１１月１０日 【父】アーティアート，サムエル 【母】乙野梅子 【続柄】長男
身分事項 　出　　生	【出生日】平成３０年１１月１０日 【出生地】東京都千代田区 【父の国籍】フィリピン共和国 【父の生年月日】西暦１９９０年6月2日 【届出日】平成３０年１１月２０日 【届出人】母
追　　完	【追完日】平成３０年１２月８日 【追完の内容】父の国籍，生年月日 【届出人】母 【記録の内容】 　　【父の国籍】フィリピン共和国 　　【父の生年月日】西暦１９９０年6月2日
追　　完	【追完日】平成３０年１２月８日 【追完の内容】父の氏名 【届出人】母 【記録の内容】 　　【父】アーティアート，サムエル
	以下余白

発行番号０００００１

図22-②　移記後のコンピュータシステムによる証明書記載例

（1の1）　全部事項証明

本　　籍	大阪府大阪市北区西天満二丁目６番地
氏　　名	乙野　梅子
戸籍事項 転　　籍	（転籍事項省略）
戸籍に記録されている者	【名】啓太郎 【生年月日】平成３０年１１月１０日 【父】アーティアート，サムエル 【母】乙野梅子 【続柄】長男
身分事項 出　　生	【出生日】平成３０年１１月１０日 【出生地】東京都千代田区 【父の国籍】フィリピン共和国 【父の生年月日】西暦１９９０年６月２日 【届出日】平成３０年１１月２０日 【届出人】母
	以下余白

発行番号０００００１

図22-①は，移記前のコンピュータシステムによる証明書記載例を示したものです。

図22-②は，移記（転籍）後のコンピュータシステムによる証明書記載例を示したものです。

本例は，嫡出でない子について事実主義法制に基づき父の氏名を記録する追完届出の記録（参考記載例番号14）がある場合です。

渉外的非嫡出親子関係については，認知による父子関係のみならず，出生の事実に基づき成立する非嫡出親子関係，いわゆる事実主義も認められています（通則法29条１項）。事実主義とは，事実としての父子関係（血縁関係）の存在が確認されれば，認知を要することなく，法律上も父子関係を認めようとするものです。

事実主義の法制においては，生理上の父子関係の存在という事実のみにより法律上の親子関係が成立するというものですが，母からの一方的な申出のみによって，父親が全く知らない間に父子関係を認定するものは少ないと思います。

そこで，我が国の戸籍事務取扱い上，事実主義による父子関係の成立を認め，出生子の戸籍に父の氏名を記録するためには，出生届書の父欄に氏名の記載があり，「その他」欄に父の本国法が事実主義を採用している旨の記載があって，しかも，父の国籍証明書，父の本国法上事実主義が採用されている旨の証明書及びその者が事件本人の父であると認めていることの証明書（父の申述書，父の署名のある出生証明書等）の提出があることを必要としてます（平成元年10月２日民二第3900号通達第三の２(2)ア）。

なお，日本人母からの出生届に基づき既に子が母の戸籍に入籍している場合において，母から上記通達に掲げる証明書を添付して，父の氏名を記載する旨の出生届の追完届があったときも，同様に父の氏名を記載する取扱いが認められています（前記通達第三の２(2)イ）。

本例は，子の出生事項をそのまま移記することになります。追完事項は，移記を要しません。

ケ　日本人男から胎児認知され，出生により新戸籍が編製されている外国人母の嫡出でない子が，外国人母が帰化したことにより，母の戸籍に入籍する場合

図23-①　母の戸籍に入籍した子の従前戸籍のコンピュータシステムによる証明書記載例

除　　籍	（1の1）　全 部 事 項 証 明
本　　籍 氏　　名	東京都千代田区平河町二丁目５番地 甲野　啓太郎
戸籍事項 　戸籍編製 　戸籍消除	 【編製日】令和４年１月２０日 【消除日】令和７年１月１０日
戸籍に記録されている者 除　　籍	【名】啓太郎 【生年月日】令和４年１月１０日 【父】甲野義太郎 【母】甲野まりあ 【続柄】長男
身分事項 　出　　生	 【出生日】令和４年１月１０日 【出生地】東京都千代田区 【母の国籍】フィリピン共和国 【母の生年月日】西暦１９９４年１２月２４日 【届出日】令和４年１月２０日 【届出人】母
認　　知	【胎児認知日】令和３年１０月１日 【認知者氏名】甲野義太郎 【認知者の戸籍】東京都千代田区平河町一丁目４番地　甲野幸雄
更　　正	【更正日】令和６年１０月２０日 【更正事項】母の氏名 【更正事由】母帰化 【従前の記録】 　【母】アーティアート，マリア
入　　籍	【届出日】令和７年１月１０日 【除籍事由】母の氏を称する入籍 【届出人】親権者母 【入籍戸籍】東京都千代田区平河町二丁目５番地　甲野まりあ
	以下余白

発行番号０００００１

図23-② 母の戸籍に入籍後の母子の戸籍のコンピュータシステムによる証明書記載例

（1の1）　全部事項証明

本　　　籍 氏　　　名	東京都千代田区平河町二丁目５番地 甲野　まりあ
戸籍事項 　戸籍編製	 【編製日】令和６年１０月２０日
戸籍に記録されている者	【名】まりあ 【生年月日】平成６年１２月２４日 【父】アーティアート，サンクス 【母】アーティアート，ビーナス 【続柄】二女
身分事項 　出　　生	 【出生日】平成６年１２月２４日 【出生地】フィリピン共和国マニラ市
帰　　化	【帰化日】令和６年９月３０日 【届出日】令和６年１０月２０日 【帰化の際の国籍】フィリピン共和国 【従前の氏名】アーティアート，マリア
戸籍に記録されている者	【名】啓太郎 【生年月日】令和４年１月１０日 【父】甲野義太郎 【母】甲野まりあ 【続柄】長男
身分事項 　出　　生	 【出生日】令和４年１月１０日 【出生地】東京都千代田区 【届出日】令和４年１月２０日 【届出人】母
認　　知	【胎児認知日】令和３年１０月１日 【認知者氏名】甲野義太郎 【認知者の戸籍】東京都千代田区平河町一丁目４番地　甲野幸雄
入　　籍	【届出日】令和７年１月１０日 【入籍事由】母の氏を称する入籍 【届出人】親権者母 【従前戸籍】東京都千代田区平河町二丁目５番地　甲野啓太郎
	以下余白

発行番号０００００１

図23-③　移記後のコンピュータシステムによる証明書記載例

（1の1）　全部事項証明

本　　籍	京都府京都市北区小山初音町２０番地
氏　　名	甲野　まりあ
戸籍事項 転　　籍	（転籍事項省略）
戸籍に記録されている者	【名】まりあ 【生年月日】平成６年１２月２４日 【父】アーティアート，サンクス 【母】アーティアート，ビーナス 【続柄】二女
身分事項 出　　生	【出生日】平成６年１２月２４日 【出生地】フィリピン共和国マニラ市
戸籍に記録されている者	【名】啓太郎 【生年月日】令和４年１月１０日 【父】甲野義太郎 【母】甲野まりあ 【続柄】長男
身分事項 出　　生	【出生日】令和４年１月１０日 【出生地】東京都千代田区 【届出日】令和４年１月２０日 【届出人】母
認　　知	【胎児認知日】令和３年１０月１日 【認知者氏名】甲野義太郎 【認知者の戸籍】東京都千代田区平河町一丁目４番地　甲野幸雄
	以下余白

発行番号０００００１

図23-①は，母の戸籍に入籍した子の従前戸籍のコンピュータシステムによる証明書記載例を示したものです。

図23-②は，母の戸籍に入籍後の母子の戸籍のコンピュータシステムによる証明書記載例を示したものです。

図23-③は，移記（転籍）後のコンピュータシステムによる証明書記載例を示したものです。

本例は，日本人男から胎児認知され，出生により新戸籍が編製されている外国人母の嫡出でない子が，外国人母の帰化により，母の氏を称して母の新戸籍に入籍する場合の入籍地における移記記載例と，その後，母子の戸籍が転籍した場合のものです。

日本人男から胎児認知された外国人母の嫡出でない子が出生すると，その子は，日本国籍を取得する（国籍法２条１号）ことになります。この場合，出生の届出は，届出義務者である母が行い，出生事項中には，母を特定するために【母の国籍】と【母の生年月日】のインデックスを用いて記録することになります。

次に，外国人母が帰化し，帰化の届出により母について新戸籍が編製され，その戸籍に子が入籍する場合は，母と子の呼称上の氏（本例では「甲野」）が同じであっても，民法上の氏を異にしますので，家庭裁判所の氏変更の許可を得て（民法791条１項），入籍の届出（戸籍法98条１項）により母の戸籍に入籍することができます。

ところで，新戸籍を編製する場合又は他の戸籍に入籍する場合は，重要な身分事項を移記することとされ，出生事項は，必ず移記をしなければならないとされています（戸規39条１項１号）。

そうすると，胎児認知により新戸籍を編製した子の出生事項には，母を特定するため，母の国籍と母の生年月日が記録されています。母の戸籍に入籍する場合において，この二つの事項を出生事項として移記を要するかという問題があります。戸籍法施行規則第30条第２号括弧書きは，「父又は母が届出人又は申請人であるときは，氏名を除く。」とし，単に「父又は母」と記録すればよいとしています。これは，届出人である父又は母は戸籍上当然に明らかであり，子の身分事項欄の出生事項中でこれを特定する必要はないと考えられるからです。

本例は，母が帰化したことにより戸籍が編製され，その母の戸籍に子が入籍しますので，そのことにより母が特定されますから，母を特定するために記録した【母の国籍】及び【母の生年月日】の記録は，あえて移記する必要はないことになります。したがって，子の出生事項中のこの二つの項目は，入籍戸籍の子の出生事項中には移記を要しないということになります（戸籍807号37頁）。また，母が帰化したことにより，子の母欄の母の氏名が更正されていますが，この更正事項は移記を要しません。

この母子の戸籍が管外転籍したときは，母については帰化事項，子については入籍事項は移記事項ではありませんので，母については出生事項を子については出生及び認知事項を移記することになります。

コ　日本人男から胎児認知され，出生により新戸籍が編製されている外国人女の嫡出でない子が，父母の婚姻によって準正嫡出子となり父の戸籍に入籍する場合

本例については，第６の５の⑵ケ（121頁図31-①・②）を参照してください。

サ　日本人女と外国人男の婚姻前に日本で出生した子について，父母婚姻後，外国人父から戸籍法第62条の出生届の旨の記録がある場合

本例については，第６の５の⑵キ（113頁図29-①・②）を参照してください。

(2)　認知に関する事項

ア　父が生存中に郵送した認知事項の記録がある場合

図24-①　移記前のコンピュータシステムによる証明書記載例

（1の1）　全部事項証明

本　　籍 氏　　名	京都府京都市北区小山初音町１０番地 乙野　梅子
戸籍事項 　戸籍編製	 （編製事項省略）
戸籍に記録されている者	【名】啓太郎 【生年月日】令和３年１１月１２日 【父】甲野義太郎 【母】乙野梅子 【続柄】長男
身分事項 　出　　生	 【出生日】令和３年１１月１２日 【出生地】東京都千代田区 【届出日】令和３年１１月２０日 【届出人】母 【送付を受けた日】令和３年１１月２４日 【受理者】埼玉県さいたま市浦和区長
認　　知	【認知日】令和４年５月２８日 【認知者氏名】甲野義太郎 【認知者の戸籍】東京都千代田区平河町一丁目４番地　甲野幸雄 【送付を受けた日】令和４年６月２日 【受理者】東京都千代田区長 【特記事項】父死亡後受理
	以下余白

発行番号０００００１

図24－②　移記後のコンピュータシステムによる証明書記載例

（1の1）　全部事項証明

本　　籍	大阪府大阪市北区西天満二丁目６番地
氏　　名	乙野　梅子
戸籍事項 転　　籍	（転籍事項省略）
戸籍に記録されている者	【名】啓太郎 【生年月日】令和３年１１月１２日 【父】甲野義太郎 【母】乙野梅子 【続柄】長男
身分事項 出　　生	【出生日】令和３年１１月１２日 【出生地】東京都千代田区 【届出日】令和３年１１月２０日 【届出人】母 【送付を受けた日】令和３年１１月２４日 【受理者】埼玉県さいたま市浦和区長
認　　知	【認知日】令和４年５月２８日 【認知者氏名】甲野義太郎 【認知者の戸籍】東京都千代田区平河町一丁目４番地　甲野幸雄 【送付を受けた日】令和４年６月２日 【受理者】東京都千代田区長
	以下余白

発行番号０００００１

図24-①は，移記前のコンピュータシステムによる証明書記載例を示したものです。

図24-②は，移記（転籍）後のコンピュータシステムによる証明書記載例を示したものです。

本例は，父が生存中に郵送した認知届が父死亡後に受理され，受理市区町村長から送付された旨の記録がある場合のものです。

父が生存中に郵送した認知届が父死亡後に受理され場合の認知日は，郵送届書の到達日となります。この到達日が届出人（父）の死亡後であっても届書が受理されたときは，届出人の死亡の時に届出があったものとみなされます（戸籍法47条）。この場合は，その届出が有効であることを明らかにするため，【特記事項】のインデックスを用いて「父死亡後受理」と記録します（参考記載例番号29）。

この【特記事項】は，当初の認知事項を記録するときにしておくことで足り，被認知者が新戸籍を編製又は他の戸籍に入籍するときは，移記を要しません。

通常の任意認知事項を移記するときは，従前戸籍の記録のとおりに記録することになります。もっとも，父母の婚姻により子が準正嫡出子となったときは，移記を要しないことになります（戸規39条１項２号）。

イ　裁判認知事項の記録がある場合

図25-①　移記前のコンピュータシステムによる証明書記載例

（１の１）　全部事項証明

本　　籍 氏　　名	京都府京都市北区小山初音町１０番地 乙野　梅子
戸籍事項 　戸籍編製	（編製事項省略）
〜〜〜〜〜〜〜〜	〜〜〜〜〜〜〜〜
戸籍に記録されている者	【名】啓太郎 【生年月日】令和２年２月２２日 【父】甲野義太郎 【母】乙野梅子 【続柄】長男
身分事項 　出　　生	【出生日】令和２年２月２２日 【出生地】東京都千代田区 【届出日】令和２年３月２日 【届出人】母 【送付を受けた日】令和２年３月４日 【受理者】埼玉県さいたま市浦和区長
認　　知	【認知の裁判確定日】令和５年２月１２日 【認知者氏名】甲野義太郎 【認知者の戸籍】東京都千代田区平河町一丁目４番地　甲野 　幸雄 【届出日】令和５年２月２３日 【届出人】親権者母
	以下余白

発行番号０００００１

図25-② 移記後のコンピュータシステムによる証明書記載例

（1の1） 全部事項証明

本　　籍 氏　　名	大阪府大阪市北区西天満二丁目6番地 乙野　梅子
戸籍事項 転　　籍	(転籍事項省略)
戸籍に記録されている者	【名】啓太郎 【生年月日】令和2年2月22日 【父】甲野義太郎 【母】乙野梅子 【続柄】長男
身分事項 出　　生	【出生日】令和2年2月22日 【出生地】東京都千代田区 【届出日】令和2年3月2日 【届出人】母 【送付を受けた日】令和2年3月4日 【受理者】埼玉県さいたま市浦和区長
認　　知	【認知の裁判確定日】令和5年2月12日 【認知者氏名】甲野義太郎 【認知者の戸籍】東京都千代田区平河町一丁目4番地　甲野幸雄 【届出日】令和5年2月23日 【届出人】親権者母
	以下余白

発行番号000001

図25-①は，移記前のコンピュータシステムによる証明書記載例を示したものです。

図25-②は，移記（転籍）後のコンピュータシステムによる証明書記載例を示したものです。

本例は，裁判認知事項の記録がある場合です。

嫡出でない子については，認知事項は重要な身分事項ですから，従前戸籍の記録のとおりに移記することになります。

ウ　胎児認知事項の記録がある場合

図26-①　移記前のコンピュータシステムによる証明書記載例

（１の１）　全 部 事 項 証 明

本　　籍 氏　　名	東京都千代田区平河町一丁目１０番地 乙野　梅子
戸籍事項 　戸籍編製	（編製事項省略）
〜〜〜	〜〜〜
戸籍に記録されている者	【名】啓太郎 【生年月日】令和３年２月２３日 【父】甲野義太郎 【母】乙野梅子 【続柄】長男
身分事項 　出　　生	【出生日】令和３年２月２３日 【出生地】埼玉県さいたま市浦和区 【届出日】令和３年３月２日 【届出人】母 【送付を受けた日】令和３年３月４日 【受理者】埼玉県さいたま市浦和区長
認　　知	【胎児認知日】令和２年１２月５日 【認知者氏名】甲野義太郎 【認知者の戸籍】東京都千代田区平河町一丁目４番地　甲野幸雄
	以下余白

発行番号０００００１

図26-② 移記後のコンピュータシステムによる証明書記載例

（1の1） 全部事項証明

本　　籍	大阪府大阪市北区西天満二丁目６番地
氏　　名	乙野　梅子
戸籍事項 転　　籍	（転籍事項省略）
戸籍に記録されている者	【名】啓太郎 【生年月日】令和３年２月２３日 【父】甲野義太郎 【母】乙野梅子 【続柄】長男
身分事項 出　　生	【出生日】令和３年２月２３日 【出生地】埼玉県さいたま市浦和区 【届出日】令和３年３月２日 【届出人】母 【送付を受けた日】令和３年３月４日 【受理者】埼玉県さいたま市浦和区長
認　　知	【胎児認知日】令和２年１２月５日 【認知者氏名】甲野義太郎 【認知者の戸籍】東京都千代田区平河町一丁目４番地　甲野幸雄
	以下余白

発行番号０００００１

図26-①は，移記前のコンピュータシステムによる証明書記載例を示したものです。

図26-②は，移記（転籍）後のコンピュータシステムによる証明書記載例を示したものです。

本例は，胎児認知事項の記録がある場合です。

本例は，従前戸籍の記録のとおりに移記することになります。

エ　認知された子が認知者である父の氏を称する入籍の届出により父の戸籍に入籍する場合

これは，後記**ク**の日本人男から生後認知され，国籍法第３条による日本国籍を取得した旨の記録及びその子が父の氏を称する入籍の届出により父の戸籍に入籍した旨の記録がある場合の**図30-①**及び同**②**を参照してください。

オ　日本人母の嫡出でない子が外国人父に認知され，その父がその後帰化している旨の記録がある場合

図27-①　移記前のコンピュータシステムによる証明書記載例

（1の1）　全部事項証明

本　　籍	京都府京都市北区小山初音町２０番地
氏　　名	乙野　梅子
戸籍事項 　戸籍編製	（編製事項省略）
戸籍に記録されている者	【名】啓太郎 【生年月日】平成２８年2月１８日 【父】竜田民雄 【母】乙野梅子 【続柄】長男
身分事項 　出　　生	【出生日】平成２８年2月１８日 【出生地】大阪府大阪市北区 【届出日】平成２８年3月2日 【届出人】母 【送付を受けた日】平成２８年3月4日 【受理者】大阪府大阪市北区長
認　　知	【認知日】平成２８年4月5日 【認知者氏名】劉澤民 【認知者の国籍】中国 【認知者の生年月日】西暦１９８７年１２月1日
更　　正	【更正日】令和5年1月１８日 【更正事項】父の氏名 【更正事由】父帰化 【従前の記録】 　　【父】劉澤民 【特記事項】父の新本籍大阪府大阪市北区西天満二丁目６番地
	以下余白

発行番号０００００１

図27-②　移記後のコンピュータシステムによる証明書記載例

（1の1）　全 部 事 項 証 明

本　　　籍	大阪府大阪市北区西天満二丁目６番地
氏　　　名	乙野　梅子
戸籍事項 　転　　籍	（転籍事項省略）

～～～～～～～～～～～～～～～～～～～～～～～～～～

戸籍に記録されている者	【名】啓太郎 【生年月日】平成２８年２月１８日 【父】竜田民雄 【母】乙野梅子 【続柄】長男
身分事項 　出　　生	【出生日】平成２８年２月１８日 【出生地】大阪府大阪市北区 【届出日】平成２８年３月２日 【届出人】母 【送付を受けた日】平成２８年３月４日 【受理者】大阪府大阪市北区長
認　　知	【認知日】平成２８年４月５日 【認知者氏名】竜田民雄 【認知者の戸籍】大阪府大阪市北区西天満二丁目６番地　竜田民雄
	以下余白

発行番号０００００１

図27-①は，移記前のコンピュータシステムによる証明書記載例を示したものです。

図27-②は，移記（転籍）後のコンピュータシステムによる証明書記載例を示したものです。

本例は，日本人母の嫡出でない子が外国人父に認知され，その父が帰化した旨の記録がある場合です。

外国人父（又は母）が帰化をし，その帰化した父（又は母）の氏名を更正するには，帰化届書の「その他」欄に子の父（母）欄更正の旨，例えば，同籍乙野啓太郎の父欄の氏名の更正を申出しますと記載してもらい，更正します。この場合，帰化した父と子とが戸籍又は本籍地を異にするときは，例えば，京都市北区小山初音町20番地乙野梅子同籍啓太郎の父欄の氏名を更正申出しますと記載してもらい，本籍地を異にするときは，受理市区町村長は届書謄本を作成し，子の本籍地市区町村長に送付し，送付を受けた市区町村長は，それに基づき職権訂正書を作成し，子の父欄の氏名を更正します。この場合，父と子は戸籍を異にしますから，子の戸籍には，父の戸籍の所在場所（父の新戸籍の表示）を記録し，父欄の氏名を更正します（参考記載例番号189は，帰化した父が子と同籍する場合の例です。）。このような記録がある被認知者の戸籍が転籍する場合，又は他の戸籍に入籍する場合は，認知事項中の認知者（父）の氏名及び国籍並びに生年月日の表示を，帰化後の父の氏名及び戸籍の表示に引き直して移記することになります。

これは，父が日本国籍を取得したことから，父と子との関係を戸籍面上からも明らかにする必要があるからです。従前の戸籍に記録されたとおりに移記するとすれば，知られたくないプライバシーの問題もあり，また，日本人と同様の記録をすることにより，相続の際にも相続関係が明らかになります。さらには，帰化した父の戸籍には，日本人を認知した旨の記録がされますので，それとの整合性もあります。本例は，【認知者氏名】を帰化後の氏名（父欄の氏名）に引き直し，【認知者の国籍】及び【認知者の生年月日】は移記をせず，新たに【認知者の戸籍】の表示を認知事項として移記します。【認知者の戸籍】の表示は，従前戸籍においては【特記事項】として記録されていますので，移記に当たっては注意が必要です。

カ　外国人父の本国法が事実主義を採用し，日本人母から出生届により既に父の氏名が記録された後に，その外国人父から認知届がされている旨の記録がある場合

図28-①　移記前のコンピュータシステムによる証明書記載例

（1の1）　全部事項証明

本　　　籍 氏　　　名	東京都千代田区平河町一丁目１０番地 乙野　梅子
戸籍事項 　戸籍編製	（編製事項省略）
〜〜〜〜〜〜	〜〜〜〜〜〜
戸籍に記録されている者	【名】啓太郎 【生年月日】平成３０年１１月１０日 【父】アーティアート，サムエル 【母】乙野梅子 【続柄】長男
身分事項 　出　　生	【出生日】平成３０年１１月１０日 【出生地】東京都千代田区 【父の国籍】フィリピン共和国 【父の生年月日】西暦１９９０年６月２日 【届出日】平成３０年１１月２０日 【届出人】母
認　　知	【認知日】令和元年６月１２日 【認知者氏名】父
	以下余白

発行番号０００００１

図28-② 移記後のコンピュータシステムによる証明書記載例

（1の1） 全部事項証明

本　　籍	大阪府大阪市北区西天満二丁目６番地
氏　　名	乙野　梅子
戸籍事項 転　　籍	（転籍事項省略）
戸籍に記録されている者	【名】啓太郎 【生年月日】平成３０年１１月１０日 【父】アーティアート，サムエル 【母】乙野梅子 【続柄】長男
身分事項 出　　生	【出生日】平成３０年１１月１０日 【出生地】東京都千代田区 【父の国籍】フィリピン共和国 【父の生年月日】西暦１９９０年６月２日 【届出日】平成３０年１１月２０日 【届出人】母
認　　知	【認知日】令和元年６月１２日 【認知者氏名】父
	以下余白

発行番号０００００１

図28-①は，移記前のコンピュータシステムによる証明書記載例を示したものです。

図28-②は，移記（転籍）後のコンピュータシステムによる証明書記載例を示したものです。

本例は，外国人父の本国法が事実主義を採用し，日本人母からの出生届により父の氏名が記録された後，その外国人父から認知届がされている旨の記録がある場合のものです。

外国人父の本国法が事実主義を採用し，日本人母からの出生届により既に父の氏名が記録された後，その外国人父から認知届がされた場合において，この認知届を受理することができるかについては，受理することができるとしています。これは，「既に事実主義により非嫡出子親子関係が成立していても，子の本国法である我が国の民法によれば，法律上の父子関係が認められるには，認知されていることが必要であるので，認知するメリットがあるとし，認知するメリットがある以上，これを戸籍に記載することを拒む理由は法律上何らないものと考えられる。」（「改正法例下における渉外戸籍の理論と実務」法務省民事局内法務研究会編232頁）としています。

また，この認知の届出があった場合の認知事項の記載は，「参考記載例番号28（現行記載例番号30）に準じて「平成年月日父認知届出」の要領により行うことになる。参考記載例番号13の２（現行参考記載例番号13），13の３（現行参考記載例番号14）により出生事項中又は出生の追完事項中に父の国籍，生年月日が記載されていることから，改めて記載する必要はなく，また，既に父欄に父の氏名が記載されていることから認知する者の氏名を記載することはなく，単に「父」と記載すればよいことになる。」（前掲書236頁）としています。

本例は，従前戸籍の記録のとおり移記することになります。

キ　日本人女と外国人男の婚姻前に日本で出生した子について，父母婚姻後，外国人父から戸籍法第62条の出生届の旨の記録がある場合

図29-① 移記前のコンピュータシステムによる証明書記載例

（1の1）　全部事項証明

本　　籍 氏　　名	東京都千代田区平河町一丁目１０番地 乙野　梅子
戸籍事項 　戸籍編製	【編製日】平成３１年３月１日
戸籍に記録されている者	【名】梅子 【生年月日】平成３年１月８日　　　　【配偶者区分】妻 【父】乙野忠治 【母】乙野春子 【続柄】長女
身分事項 　出　　生	(出生事項省略)
婚　　姻	【婚姻日】平成３１年３月１日 【配偶者氏名】金龍一 【配偶者の国籍】韓国 【配偶者の生年月日】西暦１９９１年１月１日 【従前戸籍】東京都千代田区平河町一丁目１０番地　乙野忠治
戸籍に記録されている者	【名】啓太郎 【生年月日】平成３１年２月２０日 【父】金龍一 【母】乙野梅子 【続柄】長男
身分事項 　出　　生	【出生日】平成３１年２月２０日 【出生地】東京都千代田区 【父の国籍】韓国 【父の生年月日】西暦１９９１年１月１日 【届出日】平成３１年３月１２日 【届出人】父
	以下余白

発行番号０００００１

図29-②　移記後のコンピュータシステムによる証明書記載例

（1の1）　全 部 事 項 証 明

本　　　籍 氏　　　名	大阪府大阪市北区西天満二丁目6番地 乙野　梅子
戸籍事項 　転　　籍	（転籍事項省略）
戸籍に記録されている者	【名】梅子 【生年月日】平成3年1月8日　　　　【配偶者区分】妻 【父】乙野忠治 【母】乙野春子 【続柄】長女
身分事項 　出　　生	（出生事項省略）
婚　　姻	【婚姻日】平成３１年3月1日 【配偶者氏名】金龍一 【配偶者の国籍】韓国 【配偶者の生年月日】西暦１９９１年1月1日 【従前戸籍】東京都千代田区平河町一丁目１０番地　乙野忠 　治
戸籍に記録されている者	【名】啓太郎 【生年月日】平成３１年2月２０日 【父】金龍一 【母】乙野梅子 【続柄】長男
身分事項 　出　　生	【出生日】平成３１年2月２０日 【出生地】東京都千代田区 【届出日】平成３１年3月１２日 【届出人】父
	以下余白

発行番号０００００１

図29-①は，移記前のコンピュータシステムによる証明書記載例を示したものです。

図29-②は，移記（転籍）後のコンピュータシステムによる証明書記載例を示したものです。

本例は，日本人女と外国人男の婚姻前に日本で出生した子について，父母婚姻後，外国人父からの戸籍法第62条の出生届の旨の記録がある場合です。

戸籍法第62条の嫡出子出生届は，認知届出の効力を有する出生届ですから，父が外国人の場合は，渉外的認知の要件を具備しているか審査をする必要があります。

渉外的認知の準拠法については，子の出生の当時若しくは認知の当時の認知する者の本国法又は認知の当時の子の本国法のいずれの法律によってもすることができ，また，子の本国法がその子又は第三者の承諾又は同意を認知の要件（いわゆる「保護要件」）とするときは，その要件をも備えなければならないとしています（通則法29条)。

したがって，子が日本人であるときは，日本法で審査することになり，認知の要件を備えているときは，戸籍法第62条の届出をすることができます。この場合，戸籍の記録は，嫡出子であることを明らかにするため（母の身分事項欄の婚姻事項中の夫との関連を明確にするため）及び認知届出の効力を有することから父を特定するために，出生事項中に父の国籍及び父の生年月日を記録することになります。移記前のコンピュータシステムによる証明書記載例の啓太郎の身分事項欄の出生事項の記録を参照してください。

本例は，子は準正嫡出子となっていますので，準正子については認知事項の移記を要しませんので，それと同様に転籍後の新戸籍には，出生事項中の父の国籍及び父の生年月日は移記を要しないことになります(戸籍636号90頁)。

ク　日本人男から生後認知され，国籍法第３条による日本国籍を取得した旨の記録がある場合

図30－①　父の戸籍に入籍した子の従前戸籍のコンピュータシステムによる証明書記載例

除　　籍	（１の１）　全 部 事 項 証 明
本　　籍 氏　　名	東京都千代田区平河町一丁目１０番地 甲野　マリ子
戸籍事項 戸籍編製 戸籍消除	 【編製日】令和５年１月１０日 【消除日】令和５年３月２０日
戸籍に記録されている者 除　　籍	【名】マリ子 【生年月日】平成３０年１２月２０日 【父】甲野義太郎 【母】アーティアート，ヴェロニカ 【続柄】長女
身分事項 出　　生	 【出生日】平成３０年１２月２０日 【出生地】東京都千代田区 【届出日】平成３０年１２月２８日 【届出人】母
認　　知	【認知日】令和４年８月２０日 【認知者氏名】甲野義太郎 【認知者の戸籍】東京都千代田区平河町一丁目４番地　甲野義太郎
国籍取得	【国籍取得日】令和４年１２月１５日 【届出日】令和５年１月１０日 【届出人】親権者母 【取得の際の国籍】フィリピン共和国 【従前の氏名】アーティアート，マリア
入　　籍	【届出日】令和５年３月２０日 【除籍事由】父の氏を称する入籍 【届出人】親権者母 【入籍戸籍】東京都千代田区平河町一丁目４番地　甲野義太郎
	以下余白

発行番号０００００１

図30-② 父の戸籍に入籍後の父子のコンピュータシステムによる証明書記載例

(1の1) 全 部 事 項 証 明

本　　籍 氏　　名	東京都千代田区平河町一丁目４番地 甲野　義太郎
戸籍事項 　戸籍編製	(編製事項省略)
戸籍に記録されている者	【名】義太郎 【生年月日】昭和６０年６月２８日 【父】甲野幸雄 【母】甲野松子 【続柄】長男
身分事項 　出　　生	(出生事項省略)
認　　知	【認知日】令和４年８月２０日 【認知した子の氏名】アーティアート，マリア 【認知した子の国籍】フィリピン共和国 【認知した子の生年月日】西暦２０１８年１２月２０日 【認知した子の母の氏名】アーティアート，ヴェロニカ
子の国籍取得	【子の国籍取得日】令和４年１２月１５日 【子の氏名】甲野マリ子 【子の新本籍】東京都千代田区平河町一丁目１０番地 【記録日】令和５年１月１０日
戸籍に記録されている者	【名】マリ子 【生年月日】平成３０年１２月２０日 【父】甲野義太郎 【母】アーティアート，ヴェロニカ 【続柄】長女
身分事項 　出　　生	【出生日】平成３０年１２月２０日 【出生地】東京都千代田区 【届出日】平成３０年１２月２８日 【届出人】母
認　　知	【認知日】令和４年８月２０日 【認知者氏名】甲野義太郎
入　　籍	【届出日】令和５年３月２０日 【入籍事由】父の氏を称する入籍 【届出人】親権者母 【従前戸籍】東京都千代田区平河町一丁目１０番地　甲野マリ子
	以下余白

発行番号０００００１

図30－③　転籍後のコンピュータシステムによる証明書記載例

（１の１）　全部事項証明

本　　籍 氏　　名	大阪府大阪市北区西天満二丁目６番地 甲野　義太郎
戸籍事項 転　　籍	 （転籍事項省略）
戸籍に記録されている者	【名】義太郎 【生年月日】昭和６０年６月２８日 【父】甲野幸雄 【母】甲野松子 【続柄】長男
身分事項 出　　生	 （出生事項省略）
戸籍に記録されている者	【名】マリ子 【生年月日】平成３０年１２月２０日 【父】甲野義太郎 【母】アーティアート，ヴェロニカ 【続柄】長女
身分事項 出　　生	 【出生日】平成３０年１２月２０日 【出生地】東京都千代田区 【届出日】平成３０年１２月２８日 【届出人】母
認　　知	【認知日】令和４年８月２０日 【認知者氏名】甲野義太郎
	以下余白

発行番号０００００１

図30-①は，父の戸籍に入籍した子の従前戸籍のコンピュータシステムによる証明書記載例を示したものです。

図30-②は，父の戸籍に入籍後の父子のコンピュータシステムによる証明書記載例を示したものです。

図30-③は，移記（転籍）後のコンピュータシステムによる証明書記載例を示したものです。

本例は，日本人男が外国人女の嫡出でない子を認知し，認知された子が，国籍法第３条による国籍取得により新戸籍を編製した後，父の氏を称する入籍の届出により，父の戸籍に入籍する場合の入籍地における移記記録例と，その後，父子の戸籍が転籍した場合のものです。

婚姻関係にない日本人父と外国人母との間に出生した子で，出生後に日本人父が認知した20歳未満の子は，父母の婚姻を要件とせず，その父が子の出生の時に日本国民であった場合において，その父が現に日本国民であるとき又はその死亡の時に日本国民であったときの要件を満たす場合に，法務大臣に対する届出により日本国籍を取得することができます（国籍法３条）。

法務大臣への届出は，届出人（届出人が15歳未満のときはその法定代理人）が自ら法務局又は地方法務局に出頭し，所定の様式による書面に国籍の取得をしようとする者が，国籍取得の条件を備えていることを証するに足りる書面を添付し，法務局又は地方法務局の長を経由して法務大臣に届出することとされています。

日本国籍を取得した者のうち，嫡出でない子の称する氏は，新たに定めるものとし（氏の創設），新たに氏を定めるときは，新戸籍を編製するとしています（平成20年12月18日民一第3302号通達第１の２(1)ア，イ）。

国籍取得者が父である日本人の戸籍に入籍するには，父と子が呼称上の氏（本例では「甲野」）が同じであっても，民法上の氏を異にしますので，家庭裁判所の氏変更の許可を得て（民法791条１項），入籍の届出（戸籍法98条１項）により父の戸籍に入籍することができます。

本例の父の戸籍に入籍するときの移記方法は，従前戸籍にある国籍取得事項は，移記事項ではありません。認知事項は移記事項ですので，出生事項と認知事項を移記しますが，認知事項については，父の戸籍に入籍する場合ですから【認知者の戸籍】は移記を要しません（昭和25年３月15日名古屋局管内戸研（決２）決議，32頁「信夫」についての解説参照)。

この父子の戸籍が管外転籍したときは，父については認知及び子の国籍取得事項，子については入籍事項は移記事項ではありませんので，父については出生事項を子については出生及び認知事項を移記することになります。

ケ　日本人男から胎児認知され，出生により新戸籍が編製されている外国人女の嫡出でない子が，父母の婚姻によって準正嫡出子となり父の戸籍に入籍する場合

図31-①　移記前のコンピュータシステムによる証明書記載例

除　　籍	（1の1）　全 部 事 項 証 明
本　　籍 氏　　名	東京都千代田区平河町一丁目４番地 甲野　英助
戸籍事項 戸籍編製	【編製日】令和５年９月７日
戸籍に記録されている者 除　　籍	【名】英助 【生年月日】令和５年８月２８日 【父】甲野義太郎 【母】アーティアート，ミラー 【続柄】長男
身分事項 出　　生	【出生日】令和５年８月２８日 【出生地】東京都千代田区 【母の国籍】フィリピン共和国 【母の生年月日】西暦１９９８年１月２０日 【届出日】令和５年９月７日 【届出人】母
認　　知	【胎児認知日】令和５年５月２２日 【認知者氏名】甲野義太郎 【認知者の戸籍】東京都千代田区平河町一丁目４番地　甲野幸雄
訂　　正	【訂正日】令和６年４月２０日 【訂正事項】父母との続柄 【訂正事由】令和６年４月２０日父母婚姻届出 【従前の記録】 　　【父母との続柄】長男
入　　籍	【届出日】令和６年４月２０日 【除籍事由】父の氏を称する入籍 【届出人】親権者父母 【入籍戸籍】東京都千代田区平河町一丁目４番地　甲野義太郎
	以下余白

発行番号０００００１

図31-②　移記後（父の戸籍）のコンピュータシステムによる証明書記載例

（1の1）　全　部　事　項　証　明

本　　　籍 氏　　　名	東京都千代田区平河町一丁目４番地 甲野　義太郎
戸籍事項 　戸籍編製	【編製日】令和６年４月２０日
戸籍に記録されている者	【名】義太郎 【生年月日】昭和６２年６月２７日　　【配偶者区分】夫 【父】甲野幸雄 【母】甲野松子 【続柄】長男
身分事項 　出　　生	（省略）
婚　　姻	【婚姻日】令和６年４月２０日 【配偶者氏名】アーティアート，ミラー 【配偶者の国籍】フィリピン共和国 【配偶者の生年月日】西暦１９９８年1月２０日 【従前戸籍】東京都千代田区平河町一丁目４番地　甲野幸雄
戸籍に記録されている者	【名】英助 【生年月日】令和５年８月２８日 【父】甲野義太郎 【母】アーティアート，ミラー 【続柄】長男
身分事項 　出　　生	【出生日】令和５年８月２８日 【出生地】東京都千代田区 【届出日】令和５年９月７日 【届出人】母
入　　籍	【届出日】令和６年４月２０日 【入籍事由】父の氏を称する入籍 【届出人】親権者父母 【従前戸籍】東京都千代田区平河町一丁目４番地　甲野英助
	以下余白

発行番号０００００１

図31-①は，移記前のコンピュータシステムによる証明書記載例を示したものです。

図31-②は，移記後（父の戸籍）のコンピュータシステムによる証明書記載例を示したものです。

本例は，日本人男から胎児認知され，出生により新戸籍が編製されている外国人女の嫡出でない子が，父母の婚姻によって準正嫡出子となり父の戸籍に入籍する場合です。

本例の子は，父母の婚姻により準正嫡出子（婚姻準正）となりますので，子の戸籍の父母との続柄を訂正します（法定記載例番号79参照。この場合，婚姻届書の「その他」欄に父母の婚姻により嫡出子の身分を取得する旨を記載します。）。また，日本人父の戸籍に入籍するには，入籍届（戸籍法98条１項）によりますが，本例の場合は，家庭裁判所の氏変更の許可を必要としません（民法791条２項）。

この場合は，父の戸籍に入籍する子の出生事項の記録は，日本人父と外国人母との間の嫡出子出生の届出による記録に引き直しして移記します。これは，父の戸籍の婚姻事項の記録（【配偶者氏名】等）により，外国人母の氏名等が特定されるからです。また，胎児認知事項は，子が準正嫡出子となりましたので移記を要しないことになります（戸規39条１項２号）。

なお，子の入籍事項は，子が父の戸籍から他の戸籍へ入籍する場合又は父の戸籍が転籍し新戸籍を編製する場合は，移記を要しないことはいうまでもありません。

⑶　養子縁組に関する事項

ア　同籍内縁組をしている場合

ａ　養子が婚姻をする場合

図32-①　婚姻前のコンピュータシステムによる証明書記載例

（２の１）　全　部　事　項　証　明

本　　籍 氏　　名	東京都千代田区平河町一丁目４番地 甲野　義太郎
戸籍事項 　戸籍編製	（編製事項省略）
戸籍に記録されている者	【名】義太郎 【生年月日】昭和５３年６月２６日　　【配偶者区分】夫 【父】甲野幸雄 【母】甲野松子 【続柄】長男
身分事項 　出　　生	（出生事項省略）
婚　　姻	（婚姻事項省略）
養子縁組	【縁組日】平成２４年３月１０日 【養子氏名】甲野英助

戸籍に記録されている者 除　　籍	【名】英助 【生年月日】平成１０年６月７日 【父】乙野英男 【母】甲野梅子 【続柄】長男 【養父】甲野義太郎 【続柄】養子
身分事項 　出　　生	（出生事項省略）
親　　権	（親権事項省略）
入　　籍	（入籍事項省略）
養子縁組	【縁組日】平成２４年３月１０日 【養父氏名】甲野義太郎 【養親の戸籍】東京都千代田区平河町一丁目４番地　甲野義太郎 【代諾者】親権者母

発行番号０００００１　　　　以下次頁

（２の２）　全 部 事 項 証 明

親　　権	【共同親権に服した日】平成２４年３月１０日 【親権者】養父及び母 【記録日】平成２４年３月１０日 【特記事項】甲野義太郎との養子縁組による養父と母の共同親権
婚　　姻	【婚姻日】令和７年４月１０日 【配偶者氏名】丙山花子 【新本籍】東京都千代田区平河町一丁目４番地 【称する氏】夫の氏
	以下余白

発行番号０００００１

図32－②　婚姻による新戸籍のコンピュータシステムによる証明書記載例

（１の１）　全部事項証明

本　　　籍 氏　　　名	東京都千代田区平河町一丁目４番地 甲野　英助
戸籍事項 　戸籍編製	【編製日】令和７年４月１０日
戸籍に記録されている者	【名】英助 【生年月日】平成１０年６月７日　　【配偶者区分】夫 【父】乙野英男 【母】甲野梅子 【続柄】長男 【養父】甲野義太郎 【続柄】養子
身分事項 　出　　生	（出生事項省略）
養子縁組	【縁組日】平成２４年３月１０日 【養父氏名】甲野義太郎 【養親の戸籍】東京都千代田区平河町一丁目４番地　甲野義太郎 【代諾者】親権者母
婚　　姻	【婚姻日】令和７年４月１０日 【配偶者氏名】丙山花子 【従前戸籍】東京都千代田区平河町一丁目４番地　甲野義太郎
戸籍に記録されている者	【名】花子 【生年月日】平成１３年４月１７日　　【配偶者区分】妻 【父】丙山太一 【母】丙山夏子 【続柄】二女
身分事項 　出　　生	（出生事項省略）
婚　　姻	【婚姻日】令和７年４月１０日 【配偶者氏名】甲野英助 【従前戸籍】東京都中央区築地四丁目５番地　丙山太一
	以下余白

発行番号０００００１

図32-①は，婚姻前のコンピュータシステムによる証明書記載例を示したものです。

図32-②は，婚姻後の新戸籍のコンピュータシステムによる証明書記載例を示したものです。

本例は，母が他男と夫の氏を称して婚姻後，子が母の氏を称する入籍の届出により母の後夫の戸籍に入籍し，子が後夫と縁組している旨の記録がある場合です。

婚姻による新戸籍には，母の氏を称する入籍事項は移記事項ではありませんので，移記を要しません。

なお，共同親権に服した旨の記録がありますが，仮に，事件本人が未成年者のうちに転籍の届出があった場合，この親権事項は移記事項になるのでしょうか。戸籍法施行規則第39条第１項第５号は，「現に未成年者である者についての親権」としています。ここでいう親権とは，父母の離婚等の際に定められた親権事項ですから，共同親権に服した事項は移記事項ではないことになります。

本例の養子の縁組事項は，現に養親子関係が継続していますので，移記をしなければなりません。

本例は，同籍内縁組という縁組形態ですが，この形態が生ずるのは，一般的には，次の二とおりです。

一つは，子の父母が離婚し，子が父の戸籍に在籍中に父が再婚し，再婚した父の配偶者（後妻）と子が同籍内で縁組する場合です。

二つは，子の父母が離婚し，離婚した実母が他男と婚姻し，その母の婚姻後の戸籍に，母の氏を称する入籍の届出により入籍した後，母の後夫と縁組する場合です。

次に，同籍内縁組における戸籍の記載（記録）例はどうでしょうか。

紙戸籍では，同籍内縁組の場合，養子となる者の身分事項欄に例えば，「平成14年３月10日同籍甲野義太郎の養子となる縁組届出㊞」と記載します。また，コンピュータシステムによる証明書記載例（「改訂第２版　注解コンピュータ記載例対照戸籍記載例集」62頁【10】参照）では，

・養親の戸籍中養子の身分事項欄

養子縁組	【縁組日】平成２６年9月１７日 【養父氏名】乙川義太郎 【養親の戸籍】大阪市北区老松町二丁目６番地　乙川義太郎

と養子の身分事項欄に養親の戸籍の表示をする例を示しています。これは，紙戸籍の「同籍」に対応する記載として【養親の戸籍】を表示することとしたものと思われます。

ところで，養子縁組により縁組事項中に【養親の戸籍】を記録するのは，夫婦が養子となる場合若しくは養子が自己の氏を称する婚姻をしている場合又は養子が相手方の氏を称する婚姻をしている場合（民法810条ただし書の場合を含む。）のように，養子縁組によって養子は養親の戸籍に入籍しない場合です。養子となる者が前記以外の場合は，養子は養子縁組により養親の氏を称して養親の戸籍に入籍することになり（民法816条１項本文，戸籍法18条２項），入籍した養子の縁組事項中には必ず【従前戸籍】が表示されます。

そこで，本事例の移記方法を考えてみることにします。

紙戸籍の場合の先例としては，昭和49年６月12日～13日の第26回鹿児島県連合戸協決議ですが，これは，「同籍内縁組をした養女が婚姻により新戸籍を編製する場合の縁組事項（著者注；「年月日同籍何某の養子となる縁組届出㊞」と従前戸籍に記載されているもの）の移記記載例は，①「年月日同籍何某（郡村番地何某）の養子となる縁組届出㊞」と移記するのか，それとも②「年月日郡村番地何某同籍何某の養子となる縁組届出㊞」と移記するのかについて，決議は②によるとしたところ，局長変更指示で「年月日何某の養子となる縁組届出㊞」と移記するのが相当であるとし，同籍の旨の記載を省いて移記するとしたものです。

それでは，コンピュータシステムで処理している場合はどうでしょう。

本例のようにコンピュータシステムによる証明書記載例に関する移記については，戸籍先例は発出されていませんが，戸籍関係の書籍には，いくつか紹介されています。戸籍第655号のコンピュータ相談室「同籍内縁組事項の移記について」（同号85頁）は，従前の記録をそのまま移記して差し支えないとしています。この従前の記録とは，上記に示したコンピュータシステムによる証明書記載例です。現在，戸籍事務は，全国全ての市区町村においてコンピュータシステムによる処理が行われていますので，従前の養子縁組事項をそのまま移記することで差し支えないものと考えます（同趣旨・戸籍712号52頁)。

なお，紙戸籍からコンピュータ戸籍に改製するとき又はコンピュータ化庁に転籍のときは，従前の記載が「同籍何某の養子となる縁組届出」とあるときは，上記「注解コンピュータ記載例対照戸籍記載例集」の記載例で差し支えないものと考えますが，紙戸籍の記載が「年月日何某の養子となる縁組届出」とあり，同籍の旨の記載がないとき（前記鹿児島決議参照）は，次のように移記すればよいと考えます。

・養子の身分事項欄

養子縁組	【縁組日】年月日 【養父氏名】何某 (注)

（注）何某が，養父であるか養母であるかについては，養父母欄により確認することになります。

また，紙戸籍の養子縁組事項が，例えば，「平成16年10月20日甲野義太郎同人妻梅子の養子となる縁組東京都中央区長へ届出㊞」とあるときは，

・養子の身分事項欄

養子縁組	【縁組日】平成１６年１０月２０日 【養父氏名】甲野義太郎 【養母氏名】甲野梅子 【受理者】東京都中央区長

となります。

b　養子が分籍をする場合

図33-①　分籍前のコンピュータシステムによる証明書記載例

（2の1）　全 部 事 項 証 明

本　　　籍 氏　　　名	東京都千代田区平河町一丁目４番地 甲野　義太郎
戸籍事項 　戸籍編製	（編製事項省略）
戸籍に記録されている者	【名】義太郎 【生年月日】昭和５３年６月２６日　　【配偶者区分】夫 【父】甲野幸雄 【母】甲野松子 【続柄】長男
身分事項 　出　　生	（出生事項省略）
婚　　姻	（婚姻事項省略）
養子縁組	【縁組日】平成２４年３月１０日 【養子氏名】乙野英助

〜〜〜〜〜〜〜〜〜〜〜〜〜〜〜〜

戸籍に記録されている者 除　　籍	【名】英助 【生年月日】平成１５年６月７日 【父】乙野英男 【母】甲野梅子 【続柄】長男 【養父】甲野義太郎 【続柄】養子
身分事項 　出　　生	（出生事項省略）
親　　権	（親権事項省略）
入　　籍	（入籍事項省略）
養子縁組	【縁組日】平成２４年３月１０日 【養父氏名】甲野義太郎 【養親の戸籍】東京都千代田区平河町一丁目４番地　甲野義太郎 【代諾者】親権者母
親　　権	【共同親権に服した日】平成２４年３月１０日 【親権者】養父及び母 【記録日】平成２４年３月１０日

発行番号０００００１　　　　　　　　　　　　　　　以下次頁

（2の2）　全 部 事 項 証 明

分　　籍	【特記事項】甲野義太郎との養子縁組による養父と母の共同親権 【分籍日】令和７年３月３０日 【新本籍】東京都千代田区平河町一丁目１０番地
	以下余白

発行番号０００００１

図33-②　分籍後のコンピュータシステムによる証明書記載例

（1の1）　全 部 事 項 証 明

本　　籍 氏　　名	東京都千代田区平河町一丁目１０番地 甲野　英助
戸籍事項 　戸籍編製	 【編製日】令和７年３月３０日
戸籍に記録されている者	【名】英助 【生年月日】平成１５年６月７日 【父】乙野英男 【母】甲野梅子 【続柄】長男 【養父】甲野義太郎 【続柄】養子
身分事項 　出　　生	 （出生事項省略）
養子縁組	【縁組日】平成２４年３月１０日 【養父氏名】甲野義太郎 【養親の戸籍】東京都千代田区平河町一丁目４番地　甲野義太郎 【代諾者】親権者母
分　　籍	【分籍日】令和７年３月３０日 【従前戸籍】東京都千代田区平河町一丁目４番地　甲野義太郎
	以下余白

発行番号０００００１

図33-①は，分籍前のコンピュータシステムによる証明書記載例を示したものです。

図33-②は，分籍後のコンピュータシステムによる証明書記載例を示したものです。

本例は，同籍内縁組した養子が分籍により新戸籍を編製する場合です。

従前の養子縁組事項をそのまま移記すればよいことになります。

イ　養父母が離婚している場合

図34-① 移記前のコンピュータシステムによる証明書記載例

（2の1）　全　部　事　項　証　明

本　　　籍 氏　　　名	東京都千代田区平河町一丁目４番地 甲野　義太郎
戸籍事項 　戸籍編製	 （編製事項省略）
戸籍に記録されている者	【名】義太郎 【生年月日】昭和５０年６月２６日 【父】甲野幸雄 【母】甲野松子 【続柄】長男
身分事項 　出　　生	 （出生事項省略）
婚　　姻	（婚姻事項省略）
養子縁組	【縁組日】平成２４年３月１０日 【共同縁組者】妻 【養子氏名】乙川英助
離　　婚	（離婚事項省略）
戸籍に記録されている者 除　　籍	【名】梅子 【生年月日】昭和５３年１月８日 【父】乙野忠治 【母】乙野春子 【続柄】長女
身分事項 　出　　生	 （出生事項省略）
婚　　姻	（婚姻事項省略）
養子縁組	【縁組日】平成２４年３月１０日 【共同縁組者】夫 【養子氏名】乙川英助
離　　婚	【離婚日】令和２年１月３０日 【配偶者氏名】甲野義太郎 【新本籍】京都府京都市北区小山初音町２０番地
戸籍に記録されている者	【名】英助

発行番号０００００１　　　　以下次頁

（2の2）　全 部 事 項 証 明

	【生年月日】平成１７年３月２７日 【父】乙川孝助 【母】乙川秋子 【続柄】二男 【養父】甲野義太郎 【養母】甲野梅子 【続柄】養子
身分事項 出　生	(出生事項省略)
養子縁組	【縁組日】平成２４年３月１０日 【養父氏名】甲野義太郎 【養母氏名】甲野梅子 【代諾者】親権者父母 【従前戸籍】大阪府大阪市北区西天満二丁目６番地　乙川孝助
親　権	【親権者を定めた日】令和２年１月３０日 【親権者】養父　甲野義太郎 【届出人】養父母
	以下余白

発行番号０００００１

図34－② 移記後のコンピュータシステムによる証明書記載例

	(1の1) 全部事項証明
本　　籍	千葉県千葉市中央区千葉港５番地
氏　　名	甲野　義太郎
戸籍事項 転　籍	【転籍日】令和６年３月３０日 【従前本籍】東京都千代田区平河町一丁目４番地
戸籍に記録されている者	【名】義太郎 【生年月日】昭和５０年６月２６日 【父】甲野幸雄 【母】甲野松子 【続柄】長男
身分事項 出　生	(出生事項省略)
戸籍に記録されている者	【名】英助 【生年月日】平成１７年３月２７日 【父】乙川孝助 【母】乙川秋子 【続柄】二男 【養父】甲野義太郎 【養母】乙野梅子 【続柄】養子
身分事項 出　生	(出生事項省略)
養子縁組	【縁組日】平成２４年３月１０日 【養父氏名】甲野義太郎 【養母氏名】乙野梅子 【代諾者】親権者父母 【従前戸籍】大阪府大阪市北区西天満二丁目６番地　乙川孝助
親　　権	【親権者を定めた日】令和２年１月３０日 【親権者】養父　甲野義太郎 【届出人】養父　甲野義太郎 【届出人】養母　乙野梅子
	以下余白

発行番号０００００１

図34-①は，移記前のコンピュータシステムによる証明書記載例を示したものです。

図34-②は，移記（転籍）後のコンピュータシステムによる証明書記載例を示したものです。

本例は，夫婦の養子となり，夫婦の戸籍に入籍した後，養親夫婦が離婚した旨の記録がある場合です。

この場合は，養親夫婦が離婚していますから，離婚復氏した養親については，復氏後の氏名に引き直して移記します。本例の場合は，養母が復氏しましたので，従前戸籍の「【養母氏名】甲野梅子」を復氏後の氏名「【養母氏名】乙野梅子」として移記します。この場合，養母が戸籍法77条の２の届出により婚氏続称している場合は，その氏名の表記に変更はありませんので，従前戸籍のまま移記することになります。また，転籍日現在において，養子は未成年者ですから，親権事項は移記しなければなりません。

なお，紙戸籍における処理は，「甲野義太郎同人妻梅子の養子となる縁組届出」とあるのを「甲野義太郎乙野梅子の養子となる縁組届出」と離婚後の養母の氏名を記載します。戸籍法77条の２の届出により婚氏続称しているときは「甲野義太郎甲野梅子の養子となる縁組届出」となります。

また，養父母欄の【養母】の氏名も同様に離婚後の氏名で移記することになります。

ウ　養父母の一方と離縁している場合

図35-① 移記前のコンピュータシステムによる証明書記載例

（2の1）　全 部 事 項 証 明

本　　籍 氏　　名	東京都千代田区平河町一丁目４番地 甲野　義太郎
戸籍事項 　戸籍編製	 （編製事項省略）
戸籍に記録されている者	【名】義太郎 【生年月日】昭和４４年６月２１日　　【配偶者区分】夫 【父】甲野幸雄 【母】甲野松子 【続柄】長男
身分事項 　出　生	 （出生事項省略）
婚　姻	（婚姻事項省略）
養子縁組	【縁組日】平成１７年６月１０日 【共同縁組者】妻 【養子氏名】乙川英助
戸籍に記録されている者	【名】梅子 【生年月日】昭和４６年１月８日　　【配偶者区分】妻 【父】乙野忠治 【母】乙野春子 【続柄】長女
身分事項 　出　生	 （出生事項省略）
婚　姻	（婚姻事項省略）
養子縁組	【縁組日】平成２７年６月１０日 【共同縁組者】夫 【養子氏名】乙川英助
養子離縁	【離縁日】令和４年８月６日 【養子氏名】甲野英助
戸籍に記録されている者	【名】英助 【生年月日】平成４年５月１８日 【父】乙川孝助 【母】乙川秋子

発行番号０００００１　　以下次頁

（2の2）　全 部 事 項 証 明

	【続柄】二男 【養父】甲野義太郎 【続柄】養子
身分事項 　出　　生	（出生事項省略）
養子縁組	【縁組日】平成２７年６月１０日 【養父氏名】甲野義太郎 【養母氏名】甲野梅子 【従前戸籍】大阪府大阪市北区西天満二丁目６番地　乙川孝助
養子離縁	【離縁日】令和４年８月６日 【養母氏名】甲野梅子
	以下余白

発行番号０００００１

図35-② 移記後のコンピュータシステムによる証明書記載例

(1の1) 全 部 事 項 証 明

本　　籍 氏　　名	千葉県千葉市中央区千葉港５番地 甲野　義太郎
戸籍事項 　転　　籍	(転籍事項省略)
戸籍に記録されている者	【名】義太郎 【生年月日】昭和４４年６月２１日　　【配偶者区分】夫 【父】甲野幸雄 【母】甲野松子 【続柄】長男
身分事項 　出　　生	(出生事項省略)
婚　　姻	(婚姻事項省略)
戸籍に記録されている者	【名】梅子 【生年月日】昭和４６年１月８日　　【配偶者区分】妻 【父】乙野忠治 【母】乙野春子 【続柄】長女
身分事項 　出　　生	(出生事項省略)
婚　　姻	(婚姻事項省略)
戸籍に記録されている者	【名】英助 【生年月日】平成４年５月１８日 【父】乙川孝助 【母】乙川秋子 【続柄】二男 【養父】甲野義太郎 【続柄】養子
身分事項 　出　　生	(出生事項省略)
養子縁組	【縁組日】平成２７年６月１０日 【養父氏名】甲野義太郎 【従前戸籍】大阪府大阪市北区西天満二丁目６番地　乙川孝助
	以下余白

発行番号０００００１

図35-①は，移記前のコンピュータシステムによる証明書記載例を示したものです。

図35-②は，移記（転籍）後のコンピュータシステムによる証明書記載例を示したものです。

本例は，夫婦の養子となり，夫婦の戸籍に入籍した後，養親の一方と離縁した旨の記録がある場合です。

この場合は，養親の一方と離縁していますので，単独縁組となりますから，単独縁組の記録に引き直して移記することになります。したがって，新戸籍には，縁組が継続している養親の氏名のみを移記することになります（移記前の戸籍の「戸籍に記録されている者」欄の記録の内容と同じです。）。

紙戸籍における処理は，「甲野義太郎同人妻梅子の養子となる縁組届出」とあるを「甲野義太郎の養子となる縁組届出」又は「甲野梅子の養子となる縁組届出」となります。

エ　養父が死亡し，養母との離縁後に養子が自己の氏を称して新戸籍を編製する場合

図36-①　移記前のコンピュータシステムによる証明書記載例

（2の1）　全 部 事 項 証 明

本　　籍 氏　　名	東京都千代田区平河町一丁目４番地 甲野　義太郎
戸籍事項 　戸籍編製	 （編製事項省略）
戸籍に記録されている者 除　籍	【名】義太郎 【生年月日】昭和３２年６月２７日 【父】甲野幸雄 【母】甲野松子 【続柄】長男
身分事項 　出　生 　婚　姻 　養子縁組 　死　亡	 （省略） （省略） （省略） （省略）
戸籍に記録されている者	【名】梅子 【生年月日】昭和３４年１月８日 【父】乙野忠治 【母】乙野春子 【続柄】長女
身分事項 　出　生 　婚　姻 　養子縁組 　配偶者の死亡 　養子離縁	 （省略） （省略） （省略） （省略） （養子英助との離縁事項省略）
戸籍に記録されている者 除　籍	【名】英助 【生年月日】平成６年１２月７日 【父】乙川孝助 【母】乙川秋子

発行番号０００００１　　　　以下次頁

（2の2）　全部事項証明

	【続柄】二男 【養父】甲野義太郎 【続柄】養子
身分事項 出　　生	 （省略）
養子縁組	【縁組日】平成２１年１２月１０日 【養父氏名】甲野義太郎 【養母氏名】甲野梅子 【従前戸籍】大阪府大阪市北区西天満二丁目７番地　乙川孝助
養子離縁	【離縁日】令和５年２月１１日 【養母氏名】甲野梅子
婚　　姻	【婚姻日】令和５年１０月１０日 【配偶者氏名】丙山花子 【新戸籍】東京都千代田区平河町一丁目４番地 【称する氏】夫の氏
	以下余白

発行番号０００００１

図36-② 移記後(新戸籍)のコンピュータシステムによる証明書記載例

(1の1) 全 部 事 項 証 明

本　　籍 氏　　名	東京都千代田区平河町一丁目4番地 甲野　英助
戸籍事項 　戸籍編製	【編製日】令和5年10月10日
戸籍に記録されている者	【名】英助 【生年月日】平成6年12月7日　　【配偶者区分】夫 【父】乙川孝助 【母】乙川秋子 【続柄】二男 【養父】甲野義太郎 【続柄】養子
身分事項 　出　　生	(省略)
養子縁組	【縁組日】平成21年12月10日 【養父氏名】甲野義太郎 【従前戸籍】大阪府大阪市北区西天満二丁目7番地　乙川孝助
婚　　姻	【婚姻日】令和5年10月10日 【配偶者氏名】丙山花子 【従前戸籍】東京都千代田区平河町一丁目4番地　甲野義太郎
戸籍に記録されている者	【名】花子 【生年月日】平成8年4月8日　　【配偶者区分】妻 【父】丙山太郎 【母】丙山冬子 【続柄】二女
身分事項 　出　　生	(省略)
婚　　姻	【婚姻日】令和5年10月10日 【配偶者氏名】甲野英助 【従前戸籍】京都府京都市北区小山初音町20番地　丙山太郎
	以下余白

発行番号000001

図36-①は，移記前のコンピュータシステムによる証明書記載例を示したものです。

図36-②は，移記後（新戸籍）のコンピュータシステムによる証明書記載例を示したものです。

本例は，夫婦の養子となり，夫婦の戸籍に入籍した後，養親の一方である養父が死亡し，その後生存している養母と離縁した旨の記録があるときに，自己の氏を称する婚姻による新戸籍を編製する場合です。

この場合は，養母とは離縁をしていますが，死亡した養父とは離縁をしていませんので，養父との縁組は継続していますから，養父との単独縁組の記録に引き直して移記することになります。したがって，新戸籍の戸籍に記録されている者欄は，従前戸籍の記録（養母欄は，離縁により削除され表示されていません。）をそのまま移記し，その身分事項欄の縁組事項は，養父との単独縁組に引き直して移記することになります。

オ　夫婦で養子となった者が離婚により新戸籍を編製する場合又は配偶者の死亡による婚姻解消後，相手方の氏を称する婚姻により編製された戸籍に入籍している場合

a　婚姻の際に氏を改めた者が離婚により新戸籍を編製する場合

図37－①　離婚前のコンピュータシステムによる証明書記載例

（2の1）　全部事項証明

本　　籍 氏　　名	東京都千代田区平河町一丁目１０番地 甲野　英助
戸籍事項 　戸籍編製	 （編製事項省略）
戸籍に記録されている者	【名】英助 【生年月日】昭和５２年１１月１０日 【父】乙川孝助 【母】乙川秋子 【続柄】二男 【養父】甲野義太郎 【養母】甲野梅子 【続柄】養子
身分事項 　出　　生	 （出生事項省略）
婚　　姻	（婚姻事項省略）
養子縁組	【縁組日】平成２７年６月１０日 【共同縁組者】妻 【養父氏名】甲野義太郎 【養母氏名】甲野梅子 【養親の戸籍】東京都千代田区平河町一丁目４番地　甲野義太郎 【従前戸籍】大阪府大阪市北区西天満二丁目６番地　乙川英助
離　　婚	【離婚日】令和５年９月２５日 【配偶者氏名】甲野竹子
戸籍に記録されている者 除　　籍	【名】竹子 【生年月日】昭和５４年４月４日 【父】丙山一郎 【母】丙山冬子 【続柄】長女 【養父】甲野義太郎

発行番号０００００１　　　　以下次頁

（２の２）　全 部 事 項 証 明

	【養母】甲野梅子 【続柄】養女
身分事項 出　　生	（出生事項省略）
婚　　姻	（婚姻事項省略）
養子縁組	【縁組日】平成２７年６月１０日 【共同縁組者】夫 【養父氏名】甲野義太郎 【養母氏名】甲野梅子 【養親の戸籍】東京都千代田区平河町一丁目４番地　甲野義太郎 【従前戸籍】大阪府大阪市北区西天満二丁目６番地　乙川英助
離　　婚	【離婚日】令和５年９月２５日 【配偶者氏名】甲野英助 【新本籍】東京都中央区築地四丁目６番地
	以下余白

発行番号０００００１

図37-② 離婚後のコンピュータシステムによる証明書記載例

(1の1) 全 部 事 項 証 明

本　　籍 氏　　名	東京都中央区築地四丁目６番地 甲野　竹子
戸籍事項 　戸籍編製	【編製日】令和５年９月２８日
戸籍に記録されている者	【名】竹子 【生年月日】昭和５４年４月４日 【父】丙山一郎 【母】丙山冬子 【続柄】長女 【養父】甲野義太郎 【養母】甲野梅子 【続柄】養女
身分事項 　出　　生	(出生事項省略)
養子縁組	【縁組日】平成２７年６月１０日 【養父氏名】甲野義太郎 【養母氏名】甲野梅子 【養親の戸籍】東京都千代田区平河町一丁目４番地　甲野義太郎 【従前戸籍】大阪府大阪市北区西天満二丁目６番地　乙川英助
離　　婚	【離婚日】令和５年９月２５日 【配偶者氏名】甲野英助 【送付を受けた日】令和５年９月２８日 【受理者】東京都千代田区長 【従前戸籍】東京都千代田区平河町一丁目１０番地　甲野英助
	以下余白

発行番号０００００１

図37-①は，離婚前のコンピュータシステムによる証明書記載例を示したものです。

図37-②は，離婚後のコンピュータシステムによる証明書記載例を示したものです。

本例は，夫婦で養子となった者が離婚により新戸籍を編製する場合です。

夫婦共同して養子となった者が，縁組継続中のまま離婚し，婚姻の際に氏を改めた者が養親の戸籍に復籍し，又はその者について新戸籍が編製される場合，あるいはこの養子夫婦について離婚又はその一方の死亡により婚姻が解消した後，その一方又は生存配偶者が他の者の氏を称する婚姻又は縁組（転縁組）等により他の戸籍に入籍し，又は新戸籍に縁組事項を移記する場合は，当該縁組事項中「夫（又は妻）とともに」の記載を省略して移記する取扱いです（昭和55年３月26日民二第1913号通達）。

前記通達が発出される前までは，「夫（又は妻）とともに」の記載は省略すべきではないとされていました。これは，当該縁組が夫婦共同縁組の要件を充足した有効なもの（昭和62年法律第101号民法等の一部を改正する法律の施行前（昭和62年12月31日まで）は，夫婦が夫婦を養子とする場合，又は夫婦が養子となる場合は，必要的夫婦共同縁組とされていました。）であることを戸籍上明確にしておく必要があること，及び重要な身分事項の移記については，全て従前戸籍の記載のとおりに移記するが本則であること等から，省略すべきでないとしていたものと考えられます。

本例は，養子縁組事項中の【共同縁組者】のインデックスを省略して移記することになります。

なお，紙戸籍における処理は，従前の記載が「平成27年６月10日夫とともに甲野義太郎同人妻梅子の養子となる縁組届出入籍㊞」となっていますので，「夫とともに」の記載は省略し，「入籍」部分は，「大阪市北区西天満二丁目６番地乙川英助戸籍から入籍」とし，縁組前の戸籍の表示を移記の際に補足する必要があります（昭和24年５月16日長野局管内現地指導官会議決議，戸籍424号65頁）ので，「平成27年６月10日甲野義太郎同人妻梅子の養子となる縁組届出大阪市北区西天満二丁目６番地乙川英助戸籍から入籍㊞」となります。

b　配偶者の死亡後，戸籍の筆頭に記録されている者が婚姻により相手方の戸籍に入籍する場合

図38-① 再婚前のコンピュータシステムによる証明書記載例

除　　籍	（2の1）　全部事項証明
本　　籍 氏　　名	東京都千代田区平河町一丁目１０番地 甲野　英助
戸籍事項 　戸籍編製 　戸籍消除	 （編製事項省略） 【消除日】令和６年４月９日
戸籍に記録されている者 除　　籍	【名】英助 【生年月日】昭和５２年１１月１０日 【父】乙川孝助 【母】乙川秋子 【続柄】二男 【養父】甲野義太郎 【養母】甲野梅子 【続柄】養子
身分事項 　出　　生	 （出生事項省略）
婚　　姻	（婚姻事項省略）
養子縁組	【縁組日】平成２７年６月１０日 【共同縁組者】妻 【養父氏名】甲野義太郎 【養母氏名】甲野梅子 【養親の戸籍】東京都千代田区平河町一丁目４番地　甲野義太郎 【従前戸籍】大阪府大阪市北区西天満二丁目６番地　乙川英助
配偶者の死亡	【配偶者の死亡日】令和４年１０月２５日
婚　　姻	【婚姻日】令和６年４月６日 【配偶者氏名】丙川夏子 【送付を受けた日】令和６年４月９日 【受理者】千葉県千葉市中央区長 【入籍戸籍】千葉県千葉市中央区千葉港１０番地　丙川夏子
戸籍に記録されている者 除　　籍	【名】竹子 【生年月日】昭和５４年４月４日 【父】丙山一郎 【母】丙山冬子

発行番号０００００１　　　　以下次頁

（2の2）　全部事項証明

	【続柄】長女 【養父】甲野義太郎 【養母】甲野梅子 【続柄】養女
身分事項 出　生	（出生事項省略）
婚　姻	（婚姻事項省略）
養子縁組	【縁組日】平成２７年６月１０日 【共同縁組者】夫 【養父氏名】甲野義太郎 【養母氏名】甲野梅子 【養親の戸籍】東京都千代田区平河町一丁目４番地　甲野義太郎 【従前戸籍】大阪府大阪市北区西天満二丁目６番地　乙川英助
死　亡	【死亡日】令和４年１０月２５日 【死亡時分】午後８時３０分 【死亡地】東京都千代田区 【届出日】令和４年１０月２６日 【届出人】親族　甲野英助
	以下余白

発行番号０００００１

図38－② 再婚後のコンピュータシステムによる証明書記載例

（1の1）	全 部 事 項 証 明
本　　籍 氏　　名	千葉県千葉市中央区千葉港１０番地 丙川　夏子
戸籍事項 　戸籍編製	（編製事項省略）
戸籍に記録されている者	【名】英助 【生年月日】昭和５２年１１月１０日　【配偶者区分】夫 【父】乙川孝助 【母】乙川秋子 【続柄】二男 【養父】甲野義太郎 【養母】甲野梅子 【続柄】養子
身分事項 　出　　生	（出生事項省略）
養子縁組	【縁組日】平成２７年６月１０日 【養父氏名】甲野義太郎 【養母氏名】甲野梅子 【養親の戸籍】東京都千代田区平河町一丁目４番地　甲野義太郎 【従前戸籍】大阪府大阪市北区西天満二丁目６番地　乙川英助
婚　　姻	【婚姻日】令和６年４月６日 【配偶者氏名】丙川夏子 【従前戸籍】東京都千代田区平河町一丁目１０番地　甲野英助
	以下余白

発行番号０００００１

図38-①は，再婚前のコンピュータシステムによる証明書記載例を示したものです。

図38-②は，再婚後のコンピュータシステムによる証明書記載例を示したものです。

本例は，夫婦で養子となった者が，配偶者の死亡後，その一方が相手方の氏を称する婚姻により他の戸籍に入籍する場合です。

本例の移記方法は，前例と同様，【共同縁組者】のインデックスを省略して移記することになります。

なお，紙戸籍における処理は，従前の記載が「平成27年６月10日妻とともに東京都千代田区平河町一丁目４番地甲野義太郎同人妻梅子の養子となる縁組届出大阪市北区西天満二丁目６番地乙川英助戸籍から入籍㊞」となっていますので，「妻とともに」の記載を除いて移記します。

カ 養父又は養母が改氏又は改名している場合

図39-① 移記前のコンピュータシステムによる証明書記載例

(1の1) 全 部 事 項 証 明

本　　籍 氏　　名	東京都千代田区平河町一丁目４番地 甲野　芳太郎
戸籍事項 　戸籍編製	【編製日】平成２８年6月１０日
戸籍に記録されている者	【名】芳太郎 【生年月日】昭和５１年6月２１日 【父】甲野幸雄 【母】甲野松子 【続柄】長男
身分事項 　出　　生	(出生事項省略)
養子縁組	【縁組日】平成２８年6月１０日 【養子氏名】乙川英助 【従前戸籍】東京都千代田区平河町一丁目４番地　甲野幸雄
名の変更	【名の変更日】平成３０年2月１０日 【従前の記録】 　　【名】義太郎
戸籍に記録されている者	【名】英助 【生年月日】平成１６年5月１９日 【父】乙川孝助 【母】乙川秋子 【続柄】二男 【養父】甲野芳太郎 【続柄】養子
身分事項 　出　　生	(出生事項省略)
養子縁組	【縁組日】平成２８年6月１０日 【養父氏名】甲野義太郎 【代諾者】親権者父母 【従前戸籍】東京都千代田区永田町四丁目５番地　乙川孝助
更　　正	【更正日】平成３０年2月１０日 【更正事項】養父の名 【更正事由】養父名変更 【従前の記録】 　　【養父】甲野義太郎
	以下余白

発行番号０００００１

図39-②　移記後のコンピュータシステムによる証明書記載例

（1の1）　全 部 事 項 証 明

本　　　籍 氏　　　名	千葉県千葉市中央区千葉港５番地 甲野　芳太郎
戸籍事項 　転　　籍	（転籍事項省略）
戸籍に記録されている者	【名】芳太郎 【生年月日】昭和５１年6月２１日 【父】甲野幸雄 【母】甲野松子 【続柄】長男
身分事項 　出　　生	（出生事項省略）
名の変更	【名の変更日】平成３０年2月１０日
戸籍に記録されている者	【名】英助 【生年月日】平成１６年5月１９日 【父】乙川孝助 【母】乙川秋子 【続柄】二男 【養父】甲野芳太郎 【続柄】養子
身分事項 　出　　生	（出生事項省略）
養子縁組	【縁組日】平成２８年6月１０日 【養父氏名】甲野芳太郎 【代諾者】親権者父母 【従前戸籍】東京都千代田区永田町四丁目５番地　乙川孝助
	以下余白

発行番号０００００１

図39-①は，移記前のコンピュータシステムによる証明書記載例を示したものです。

図39-②は，移記（転籍）後のコンピュータシステムによる証明書記載例を示したものです。

本例は，養父が改名している旨の記録がある場合です。

養親が改氏，改名又は婚姻，縁組等によりその氏（又は名）を変更した場合は，養子の身分事項欄の養子縁組事項を移記するときは，事件本人又は届出人からの申出により，縁組事項中養父母の氏名に続けて（改氏（又は改名）後の氏（又は名）○○）の例により記載して差し支えない取扱いがされています（昭和38年9月12日～13日高松局管内戸協決議9，同年11月8日民事二発第472号承認）。

また，戸籍法第107条第1項の規定による氏の変更及び夫婦の一方の名の変更の届出と同時又は届出後に，他の一方から婚姻事項中の配偶者の氏又は名を変更後の氏又は名に更正する旨の申出があった場合は，市区町村長限りの職権でその記載を更正して差し支えないとし，この取扱いによって婚姻事項中の配偶者の氏又は名の記載を更正した者について，転籍等による新戸籍の編製，他の戸籍への入籍又は戸籍の再製により婚姻事項を移記する場合は，氏又は名の更正事項の移記を要しないとされています（平成4年3月30日民二第1607号通達。以下「平成4年通達」という。）。したがって，転籍後の戸籍の配偶者の氏名は，更正後の氏名を記録することになります。

ところで，氏の変更に関する戸籍の記録は，第6の3（戸籍事項欄の移記＝34頁参照）で触れ，また，名の変更に関する戸籍の記録は，第6の5(9)（名の変更事項＝216頁参照）で触れますが，これには記載例に変遷があり，当初は，「氏○○を○○と変更届出」，「氏を○○と変更届出」とありましたが，現行記載例は「戸籍法107条1項の氏変更届出（【氏変更の事由】戸籍法107条1項の届出）」（法定記載例番号184）と，名についても現行記載例は「名の変更届出（【名の変更日】平成○年○月○日）」（法定記載例番号196）としています。

そうすると，本例の場合においても，平成4年通達及び記載例の変遷の経緯をも含めると，養親が氏又は名を変更している場合において，転籍等による新戸籍の編製又は他の戸籍へ入籍するときは，養子縁組事項中の養親の氏名を移記するについて，変更後の氏又は名で記録して差し支えないものと考えます。また，括弧書きがある場合は，紙戸籍をコンピュータ戸籍に改製するに際して，申出によることなく，変更後の氏名で記録してもよいのではないかと考えます。改製を慎重に行うときは，事前に変更後の氏名で移記する旨を通知しておくことも考えてみてはいかがでしょうか。

また，養父母欄については，氏又は名の変更と同時に更正されますから，転籍等により移記する場合は，更正後の氏名を養父母欄に記録することになり，身分事項欄については，従前の養父母の氏名を記録するとなると，同一戸籍の中において食い違った記録になり，戸籍の公証機能上からも好ましくないことになります。

本例は，変更後の氏名に引き直して移記することになります。

キ 養子縁組事項中に追完事項の記録がある場合

a 未成年者の母が代諾した15歳未満の子の養子縁組届が誤って受理された後，養子縁組当時母について選任されていた未成年後見人（又は後見人）が代諾した旨の追完の記録がある場合

図40-① 移記前のコンピュータシステムによる証明書記載例

（1の1） 全部事項証明

本　　籍 氏　　名	東京都千代田区平河町一丁目４番地 甲野　義太郎
戸籍事項 戸籍編製	（編製事項省略）
戸籍に記録されている者	【名】英助 【生年月日】平成２９年１０月７日 【父】 【母】乙川花子 【続柄】長男 【養父】甲野義太郎 【養母】甲野梅子 【続柄】養子
身分事項 出　　生	（出生事項省略）
養子縁組	【縁組日】平成３１年３月１０日 【養父氏名】甲野義太郎 【養母氏名】甲野梅子 【代諾者】親権者母 【従前戸籍】大阪府大阪市北区西天満二丁目６番地　乙川花子 【縁組追完日】令和元年５月１０日 【追完届出人】代諾者母の未成年後見人　丙川幸吉
追　　完	【追完日】令和元年５月１０日 【追完の内容】縁組の代諾者母の未成年後見人丙川幸吉が追完届出 【届出人】代諾者母の未成年後見人　丙川幸吉 【記録の内容】 　　【縁組追完日】令和元年５月１０日 　　【追完届出人】代諾者母の未成年後見人　丙川幸吉
	以下余白

発行番号０００００１

図40-②　移記後のコンピュータシステムによる証明書記載例

（１の１）　全 部 事 項 証 明

本　　　籍 氏　　　名	千葉県千葉市中央区千葉港１０番地 甲野　義太郎
戸籍事項 転　　籍	（転籍事項省略）
〜〜〜〜〜〜〜〜	〜〜〜〜〜〜〜〜
戸籍に記録されている者	【名】英助 【生年月日】平成２９年１０月７日 【父】 【母】乙川花子 【続柄】長男 【養父】甲野義太郎 【養母】甲野梅子 【続柄】養子
身分事項 出　　生	（出生事項省略）
養子縁組	【縁組日】平成３１年３月１０日 【養父氏名】甲野義太郎 【養母氏名】甲野梅子 【代諾者】親権者母 【従前戸籍】大阪府大阪市北区西天満二丁目６番地　乙川花子 【縁組追完日】令和元年５月１０日 【追完届出人】代諾者母の未成年後見人　丙川幸吉
	以下余白

発行番号０００００１

図40-①は，移記前のコンピュータシステムによる証明書記載例を示したものです。

図40-②は，移記（転籍）後のコンピュータシステムによる証明書記載例を示したものです。

本例は，養子縁組事項中に追完事項の記録がある場合です。

届出の追完は，市区町村長が受理した届書に不備があり，戸籍の記載ができない場合に認められているものです（戸籍法45条）から，原則的には，戸籍の記載前に許されるものです。また，追完届は，無効な届出を有効とするものでもありません。

無効な届出に対する追完について問題となるのは，正当な代諾権者の代諾を欠いた15歳未満の者の縁組届の場合です。これについては，先例に大きな変遷があります。すなわち，当初は一切追認的追完届は認めていませんでしたが，次のような認める先例が現れ，追完の拡張的運用がされてきました。

まず，①父母の共同親権に服している15歳未満の子について母のみで代諾した縁組又は未成年の母の嫡出でない子について母が代諾した縁組の届出について，これが誤って受理されて戸籍に記載され，その行為が戸籍面上無効と解される場合であっても，後日，届書の誤記を理由として，正当な届出人（代諾者）から，追完届出があったときは，追完事項を戸籍に記載して，当初の届出の時からその行為が有効に成立するものとして取り扱うことを認めています（昭和25年８月22日民事甲第2245号回答(1)，同年９月12日民事甲第2467号通達）。

次に，②無効な身分行為の追認が許されるとする昭和27年10月３日の最高裁判所の判決（民集６巻９号753頁）の趣旨を，戸籍の取扱いの上において，便宜追完届として採用しました。これは，縁組の承諾権を有しない者の代諾によって養子となった15歳未満の者が，15歳に達した後，自ら縁組の追完をした場合は，これを受理して差し支えないものとしました（昭和34年４月８日民事甲第624号通達）。

したがって，戸籍記載後に正当な代諾権者の代諾を欠いた養子縁組については，縁組当時の正当な代諾権者が生存する場合であっても，15歳に達した養子自らが追完届をすることもできますし，また，養子が15歳に達した後は，養親双方が死亡している場合であっても，養親の生存中に追認がされ，現に当該縁組が引き続き成立している旨の追完届を養子のみからもすることができるとされています（昭和34年６月24日民事甲第1329号回答）。

それでは，追完事項については，全て移記するのかどうかです。

前述したように，追完は，基本の届書の不備を補うものであり，追完によって身分変動が生じることはありませんので，追完届のあった当初の戸籍には記録するものの，移記に当たっては，身分関係を追認する追完を除き，原則として追完事項は移記をする必要はないものと考えます（前記第４の５追完事項15頁参照）。

本例は，移記前の戸籍の養子縁組事項をそのまま移記することになります。

なお，本例の正当な代諾者は，「未成年後見人」となっていますが，平成12年４月１日に「民法の一部を改正する法律」（平成11年法律第149号）が施行され，この改正法施行以前に選任されていた「後見人」が代諾した旨の追完の記載（養子の縁組代諾者母の後見人丙川幸吉追完届出）がある場合は，「【追完届出人】代諾者母の後見人丙川幸吉追完届出」と移記することになります。

b　15歳以上の未成年者の養子縁組届をその法定代理人である親権者が代諾して届け出てこれが誤って受理された後，当該養子本人自らが養子縁組をする旨の追完の記録がある場合

図41-①　移記前のコンピュータシステムによる証明書記載例

（1の1）　全部事項証明

本　　籍 氏　　名	東京都千代田区平河町一丁目４番地 甲野　義太郎
戸籍事項 　戸籍編製	（編製事項省略）
戸籍に記録されている者	【名】英助 【生年月日】平成１２年７月１１日 【父】乙川孝助 【母】乙川花子 【続柄】二男 【養父】甲野義太郎 【養母】甲野梅子 【続柄】養子
身分事項 　出　生	（出生事項省略）
養子縁組	【縁組日】平成２８年３月５日 【養父氏名】甲野義太郎 【養母氏名】甲野梅子 【代諾者】親権者父母 【従前戸籍】大阪府大阪市北区西天満二丁目７番地　乙川孝助 【縁組追完日】平成２８年５月１日 【追完届出人】養子
追　完	【追完日】平成２８年５月１日 【追完の内容】養子自ら届出 【届出人】養子 【記録の内容】 　【縁組追完日】平成２８年５月１日 　【追完届出人】養子
	以下余白

発行番号０００００１

図41－②　移記後のコンピュータシステムによる証明書記載例

（１の１）　全 部 事 項 証 明

本　　　籍	千葉県千葉市中央区千葉港１０番地
氏　　　名	甲野　義太郎
戸籍事項 　転　　籍	 （転籍事項省略）
戸籍に記録されている者	【名】英助 【生年月日】平成１２年７月１１日 【父】乙川孝助 【母】乙川花子 【続柄】二男 【養父】甲野義太郎 【養母】甲野梅子 【続柄】養子
身分事項 　出　　生	 （出生事項省略）
養子縁組	【縁組日】平成２８年３月５日 【養父氏名】甲野義太郎 【養母氏名】甲野梅子 【代諾者】親権者父母 【従前戸籍】大阪府大阪市北区西天満二丁目７番地　乙川孝助 【縁組追完日】平成２８年５月１日 【追完届出人】養子
	以下余白

発行番号０００００１

図41-①は，移記前のコンピュータシステムによる証明書記載例を示したものです。

図41-②は，移記（転籍）後のコンピュータシステムによる証明書記載例を示したものです。

本例は，縁組事項中に追完事項の記録がある場合です。

届出の追完については，前例の解説を参照してください。

本例は，移記前の戸籍の養子縁組事項をそのまま移記することになります。

c　15歳未満の子が戸籍上の父母の代諾によって養子縁組した後，その子と戸籍上の父母との間に親子関係不存在確認の裁判による戸籍訂正後，正当な代諾権者である父母から縁組を代諾する旨の追完の記録がある場合

図42-①　移記前のコンピュータシステムによる証明書記載例

（1の1）　全部事項証明

本　　籍	東京都千代田区平河町一丁目４番地
氏　　名	乙野　忠治

戸籍に記録されている者	【名】英助 【生年月日】平成２８年２月１１日 【父】 【母】丙川花子 【続柄】長男 【養父】乙野忠治 【養母】乙野春子 【続柄】養子
身分事項 養子縁組	【縁組日】平成２９年４月２０日 【養父氏名】乙野忠治 【養母氏名】乙野春子 【代諾者】親権者父母 【従前戸籍】大阪府大阪市北区西天満二丁目６番地　丙川花子 【縁組追完日】令和６年５月１０日 【追完届出人】親権者母
追　　完	【追完日】令和６年５月１０日 【追完の内容】代諾者親権者母が縁組届出 【届出人】親権者母 【記録の内容】 【縁組追完日】令和６年５月１０日 【追完届出人】親権者母
訂　　正	(前略) 【従前の記録】 【従前戸籍】東京都千代田区平河町一丁目４番地　甲野義太郎
消　　除	(出生事項消除省略)
消　　除	(父母の記録消除及び父母との続柄訂正事項省略)
出　　生	(出生事項省略)
記　　録	(出生の記録事項省略)
記　　録	【記録日】省略 【記録事項】母の氏名 (中略) 【記録の内容】 【母】丙川花子
	以下余白

発行番号０００００１

図42-②　移記後のコンピュータシステムによる証明書記載例

（1の1）　全 部 事 項 証 明

本　　籍 氏　　名	千葉県千葉市中央区千葉港１０番地 乙野　忠治
戸籍事項 　転　　籍	（転籍事項省略）
戸籍に記録されている者	【名】英助 【生年月日】平成２８年２月１１日 【父】 【母】丙川花子 【続柄】長男 【養父】乙野忠治 【養母】乙野春子 【続柄】養子
身分事項 　出　　生	（出生事項省略）
養子縁組	【縁組日】平成２９年４月２０日 【養父氏名】乙野忠治 【養母氏名】乙野春子 【代諾者】甲野義太郎 【代諾者】甲野梅子 【従前戸籍】大阪府大阪市北区西天満二丁目６番地　丙川花子 【縁組追完日】令和６年５月１０日 【追完届出人】親権者母
	以下余白

発行番号０００００１

図42-①は，移記前のコンピュータシステムによる証明書記載例を示したものです。

図42-②は，移記（転籍）後のコンピュータシステムによる証明書記載例を示したものです。

本例は，養子と戸籍上の父母双方との親子関係不存在確認の裁判による戸籍訂正後に，正当な代諾権者である親権者母が縁組する旨の追完事項の記録がある場合です。

本例の場合，当初の代諾者の記録を移記する際に，注意する必要があります。移記前の戸籍は，「【代諾者】親権者父母」となっていますが，この「親権者父母」とは，親子関係不存在確認の裁判により親子関係が否定された戸籍上の父母ですから，そのまま「親権者父母」と移記することができません。この場合の代諾者の移記は，代諾した者の氏名に引き直して移記することになります。この代諾者氏名は，戸籍訂正により消除した消除事項中【従前の記録】にある「【父】甲野義太郎，【母】甲野梅子」の記録により確認することになります（紙戸籍の場合は，消除された父母欄の記載により確認します。）。

本例は，移記前の戸籍の養子縁組事項の当初の代諾者が「【代諾者】親権者父母」とあるを「【代諾者】甲野義太郎，【代諾者】甲野梅子」と分けて移記することになります。

d　15歳未満の子が戸籍上の父母の代諾によって養子縁組した後，その子と戸籍上の父母との間に親子関係不存在確認の裁判による戸籍訂正後，15歳以上となった養子自らが縁組する旨の追完の記録がある場合

これは，前例 c の移記方法と同様です。

e　外国人夫婦の養子となった縁組届出後，実方の血族との親族関係が終了する旨の追完の記録がある場合

図43-① 移記前のコンピュータシステムによる証明書記載例

（1の1）　全 部 事 項 証 明

本　　籍 氏　　名	東京都千代田区永田町二丁目５番地 乙川　英助
戸籍事項 　戸籍編製	 【編製日】平成２９年５月１６日
戸籍に記録されている者	【名】英助 【生年月日】平成１９年２月１１日 【父】ラッシュマン，ウェイン 【母】ラッシュマン，ケイ 【続柄】長男
身分事項 　出　　生	 （出生事項省略）
養子縁組	【縁組の裁判確定日】平成２４年１０月１日 【養父氏名】ラッシュマン，ウェイン 【養父の国籍】アメリカ合衆国 【養父の生年月日】西暦１９７５年６月３日 【養母氏名】ラッシュマン，ケイ 【養母の国籍】アメリカ合衆国 【養母の生年月日】西暦１９７７年９月１０日 【届出日】平成２４年１０月１０日 【届出人】父母 【入籍日】平成２９年５月１６日 【従前戸籍】東京都千代田区永田町二丁目５番地　乙川孝助 【特記事項】平成２９年５月１６日実方の血族との親族関係が終了する旨父母追完届出
	以下余白

発行番号０００００１

図43-②　移記後のコンピュータシステムによる証明書記載例

（1の1）　全 部 事 項 証 明

本　　籍 氏　　名	千葉県千葉市中央区千葉港５番地 乙川　英助
戸籍事項 転　　籍	（転籍事項省略）
戸籍に記録されている者	【名】英助 【生年月日】平成１９年２月１１日 【父】ラッシュマン，ウェイン 【母】ラッシュマン，ケイ 【続柄】長男
身分事項 出　　生	（出生事項省略）
養子縁組	【縁組の裁判確定日】平成２４年１０月１日 【養父氏名】ラッシュマン，ウェイン 【養父の国籍】アメリカ合衆国 【養父の生年月日】西暦１９７５年６月３日 【養母氏名】ラッシュマン，ケイ 【養母の国籍】アメリカ合衆国 【養母の生年月日】西暦１９７７年９月１０日 【届出日】平成２４年１０月１０日 【届出人】父母 【従前戸籍】東京都千代田区永田町二丁目５番地　乙川孝助 【特記事項】平成２９年５月１６日実方の血族との親族関係 　が終了する旨父母追完届出
	以下余白

発行番号０００００１

図43-①は，移記前のコンピュータシステムによる証明書記載例を示したものです。

図43-②は，移記（転籍）後のコンピュータシステムによる証明書記載例を示したものです。

本例は，外国人夫婦の養子となった縁組届出後，実方の血族との親族関係が終了する旨の追完により編製された新戸籍の場合です。

外国法を準拠法とする断絶型の養子縁組の取扱いは，平成６年４月28日付け民二第2996号通達（「渉外的な養子縁組届の処理について」）により認められたものです。

前記通達は，外国法を準拠法とする養子縁組について，その届書に養子とその実方の血族との親族関係が終了する旨及び養子について新戸籍を編製する旨が明記してあり，かつ，当該縁組が断絶型のものであることを明らかにする書面の提出があるときには，戸籍上も断絶型養子縁組であることを明らかにし，特別養子に準じ，養子について新戸籍を編製するものとし，さらに，そのような取扱いがされていない養子縁組について，特別養子縁組制度が施行された昭和63年１月１日以後に成立した断絶型養子縁組であることを明らかにする書面を提出して，実方の血族との親族関係が終了する旨の追完の届出があるときは，同様に，その養子について新戸籍を編製するものとしています。

本例は，移記前の戸籍の養子縁組事項中の【入籍日】を除いて移記します。

なお，人事訴訟法等の一部を改正する法律が，平成31年４月１日に施行され，同改正によって，外国裁判所の家事事件についての裁判について，原則として民事訴訟法第118条の規定を準用する旨を定めた家事事件手続法第79条の２が新設されたことにより，同日（平成31年４月１日）以後に確定した養子縁組の成立を内容とする外国裁判所の裁判も，原則として民事訴訟法第118条各号の要件を満たせば，日本国内においても効力を有することになりました。したがって，養子縁組を成立させる旨の外国裁判所の確定裁判の謄本等を添付した養子縁組届が提出された場合は，民事訴訟法第118条各号の要件を満たすかどうかを審査して受否の判断をすることになります。

⑷　特別養子縁組に関する事項

ア　同籍する者を特別養子として戸籍の末尾に記録する場合において，特別養子縁組成立前に養父母から届出のあった名の変更事項を移記する場合

図44-①　末尾記録前のコンピュータシステムによる証明書記載例

（1の1）　全 部 事 項 証 明

本　　籍 氏　　名	東京都千代田区平河町一丁目４番地 甲野　義太郎
戸籍事項 　戸籍編製	（編製事項省略）
〜〜〜	〜〜〜
戸籍に記録されている者 除　籍	【名】啓太郎 【生年月日】令和２年１２月７日 【父】 【母】乙川花子 【続柄】長男 【養父】甲野義太郎 【養母】甲野梅子 【続柄】養子
身分事項 　出　生	（出生事項省略）
養子縁組	【縁組日】令和３年１２月１０日 【養父氏名】甲野義太郎 【養母氏名】甲野梅子 【代諾者】親権者母 【従前戸籍】大阪府大阪市北区西天満二丁目６番地　乙川花子
名の変更	【名の変更日】令和４年３月１５日 【届出人】親権者　養父母 【従前の記録】 　【名】五雄
特別養子縁組	【特別養子縁組の裁判確定日】令和４年１０月１０日 【養父氏名】甲野義太郎 【養母氏名】甲野梅子 【届出日】令和４年１０月２０日 【届出人】父母 【特記事項】末尾記録につき消除
	以下余白

発行番号０００００１

図44-② 末尾記録後のコンピュータシステムによる証明書記載例

（2の1） 全部事項証明

本　　　籍	東京都千代田区平河町一丁目４番地
氏　　　名	甲野　義太郎
戸籍事項 　戸籍編製	（編製事項省略）
〜〜〜	〜〜〜
戸籍に記録されている者 除　　籍	【名】啓太郎 【生年月日】令和２年１２月７日 【父】 【母】乙川花子 【続柄】長男 【養父】甲野義太郎 【養母】甲野梅子 【続柄】養子
身分事項 　出　　生	（出生事項省略）
養子縁組	【縁組日】令和３年１２月１０日 【養父氏名】甲野義太郎 【養母氏名】甲野梅子 【代諾者】親権者母 【従前戸籍】大阪府大阪市北区西天満二丁目６番地　乙川花子
名の変更	【名の変更日】令和４年３月１５日 【届出人】親権者　養父母 【従前の記録】 　　【名】五雄
特別養子縁組	【特別養子縁組の裁判確定日】令和４年１０月１０日 【養父氏名】甲野義太郎 【養母氏名】甲野梅子 【届出日】令和４年１０月２０日 【届出人】父母 【特記事項】末尾記録につき消除
戸籍に記録されている者	【名】啓太郎 【生年月日】令和２年１２月７日 【父】甲野義太郎 【母】甲野梅子 【続柄】長男
身分事項 　出　　生	（出生事項省略）

発行番号０００００１　　以下次頁

（2の2）　全部事項証明

名の変更	【名の変更日】令和４年３月１５日 【届出人】親権者父母
民法８１７条の２	【民法８１７条の２による裁判確定日】令和４年１０月１０日 【届出日】令和４年１０月２０日 【届出人】父母
	以下余白

発行番号０００００１

図44-①は，末尾記録前のコンピュータシステムによる証明書記載例を示したものです。

図44-②は，末尾記録後のコンピュータシステムによる証明書記載例を示したものです。

本例は，日本人夫婦の普通養子となった後，養父母の申立てにより名の変更許可の審判により名変更の届出がされた後，特別養子縁組により同一戸籍の末尾に特別養子を記録する場合です。

戸籍法施行規則第39条第１項は，名の変更に関する事項は移記事項と規定しています（同項８号)。この戸籍法施行規則第39条は，新戸籍を編製され，又は他の戸籍に入る者については，従前の戸籍に記載されている重要な身分事項を移記しなければならないと規定しています。

ところで，養父母が，同籍にある養子を特別養子とする審判の申立てをし，その審判が許可され，その特別養子縁組の届出があったときは，その戸籍の末尾に養子を記載した上，従前養子が記載されていた戸籍の一部を消除するとされています（昭和62年10月１日民二第5000号通達第６の１(2)イ(ア))。この場合の戸籍の記載は，参考記載例番号75及び76に示されています。これによると，記載する戸籍は，養親の戸籍であり，特別養子となった者は，新戸籍を編製するものでもなく，他の戸籍に入籍するものでもありません。

そうすると，戸籍法施行規則第39条の規定を適用するのではなく，単に，末尾には特別養子縁組事項（民法817条の２の届出事項）のみを記録することになるのかという疑問があります。特別養子縁組の原則的な処理は，実方戸籍から除いて，養子につきいったん養親の氏で新戸籍を編製した後，養親戸籍に入籍する取扱いです。この取扱いは，実方又は第三者からの不当なアクセスを防止することを実質的な目的の一つにしています。本例の場合も，いったん新戸籍を編製し，その新戸籍から養親の戸籍に入籍することとして考えると，最終的には，末尾に記録されることになりますので，養子についていったん新戸籍を編製するという迂遠な方法ではなく，単に末尾に記録するという処理方法を選択したものではないでしょうか。したがって，本例は，戸籍法施行規則第39条第１項にいう「他の戸籍に入る者」に準じて取り扱うことになります（昭和63年12月24日民二第7362号回答記一)。

次に，移記に際して名の変更届出の届出人の移記方法です。この届出は，親権者となった養父母の届出ですが，名の変更に関する事項を移記することとなりますから，届出人の資格氏名をどのように記録するかということになります。これについては，前記回答の記二に「特別養子縁組制度の趣旨を考慮し，名の変更に関する事項中届出人の資格「養父母」を「父母」と更正することなく，直ちに届出人の資格を「父母」と引き直して移記する。」としています。

本例は，特別養子を末尾に記録するに当たって名の変更に関する事項を移記するには届出人の資格「親権者　養父母」とあるを「親権者父母」と引き直して移記します。

なお，特別養子に係る従前の身分事項欄中の普通養子縁組事項は，移記をしないことに注意を要します。

また，**図44-②**の戸籍が管外転籍した場合の啓太郎についての移記は，現在の身分事項欄の記録をそのまま移記することになります。

イ 特別養子となった者の出生事項中，【入籍日】の記録及び届出人の資格氏名を移記する場合

図45-① 特別養子の従前のコンピュータシステムによる証明書記載例

（1の1） 全 部 事 項 証 明

本　　籍 氏　　名	京都府京都市北区小山初音町１８番地 乙山　花子
戸籍事項 　戸籍編製	（編製事項省略）
〜〜〜	〜〜〜
戸籍に記録されている者 除　　籍	【名】英助 【生年月日】令和２年１２月１４日 【父】 【母】乙山花子 【続柄】長男
身分事項 　出　　生	【出生日】令和２年１２月１４日 【出生地】東京都千代田区 【届出日】令和２年１２月２４日 【届出人】母の親権者父乙山孝一 【入籍日】令和３年１月３０日
特別養子縁組	【特別養子縁組の裁判確定日】令和５年３月１５日 【届出日】令和５年３月２０日 【届出人】養父母 【送付を受けた日】令和５年３月２６日 【受理者】東京都千代田区長 【新本籍】京都府京都市北区小山初音町１８番地 【縁組後の氏】甲野
	以下余白

発行番号０００００１

図45-②　特別養子の新戸籍のコンピュータシステムによる証明書記載例

除　　籍	（1の1）　全 部 事 項 証 明
本　　籍 氏　　名	京都府京都市北区小山初音町１８番地 甲野　英助
戸籍事項 　戸籍編製 　戸籍消除	 【編製日】令和５年３月２６日 【消除日】令和５年３月２６日
戸籍に記録されている者 除　　籍	【名】英助 【生年月日】令和２年１２月１４日 【父】甲野義太郎 【母】甲野梅子 【続柄】長男
身分事項 　出　　生	 【出生日】令和２年１２月１４日 【出生地】東京都千代田区 【届出日】令和２年１２月２４日 【届出人】母の親権者父
特別養子縁組	【特別養子縁組の裁判確定日】令和５年３月１５日 【養父氏名】甲野義太郎 【養母氏名】甲野梅子 【届出日】令和５年３月２０日 【届出人】父母 【送付を受けた日】令和５年３月２６日 【受理者】東京都千代田区長 【従前戸籍】京都府京都市北区小山初音町１８番地　乙山花子 【入籍戸籍】東京都千代田区平河町一丁目４番地　甲野義太郎
	以下余白

発行番号０００００１

図45-③ 養親のコンピュータシステムによる証明書記載例

（1の1）　全 部 事 項 証 明

本　　　籍	東京都千代田区平河町一丁目４番地
氏　　　名	甲野　義太郎
戸籍事項 　戸籍編製	（編製事項省略）
戸籍に記録されている者	【名】英助 【生年月日】令和２年１２月１４日 【父】甲野義太郎 【母】甲野梅子 【続柄】長男
身分事項 　出　　生	【出生日】令和２年１２月１４日 【出生地】東京都千代田区 【届出日】令和２年１２月２４日 【届出人】母の親権者父
民法８１７条の２	【民法８１７条の２による裁判確定日】令和５年３月１５日 【届出日】令和５年３月２０日 【届出人】父母 【従前戸籍】京都府京都市北区小山初音町１８番地　甲野英助
	以下余白

発行番号０００００１

図45-①は，特別養子の従前のコンピュータシステムによる証明書記載例を示したものです。

図45-②は，特別養子の新戸籍編製後のコンピュータシステムによる証明書記載例を示したものです。

図45-③は，養親の戸籍に入籍後のコンピュータシステムによる証明書記載例を示したものです。

本例は，特別養子縁組により新戸籍を編製し，養親の戸籍に入籍する原則的な取扱いですが，出生事項中の届出人の資格氏名が「母の親権者父乙山孝一」とある場合において，新戸籍及び養親戸籍における出生事項の移記記録例です。

養親と養子が戸籍を異にする場合において，特別養子縁組の届出があった場合の戸籍の処理は，まず，養子について養親の氏で従前の本籍と同じ場所に新戸籍を編製した上，直ちにその新戸籍から養親の戸籍に養子を入籍させる取扱いとなっています（昭和62年10月１日民二第5000号通達第６の１⑵ア）。そして，特別養子縁組後の養子の出生事項は，従前の記載のとおりに移記するとされています（前記通達第６の１⑵ウ(ｲ)）。

ところで，本例のように，届出人の資格氏名が「母の親権者父乙山孝一」とある場合，これをそのまま移記することが，特別養子となった者の福祉にかなうものであるかです。特別養子の戸籍には，実父母の氏名の記録がされない取扱いにもかかわらず，通達の趣旨のとおりでよいかとの疑問があり，問題提起がされました。

そこで，この記載も移記に当たっての工夫がされました。これは，戸籍先例として，平成３年１月22日付け民二第428号回答です。この回答要旨は，特別養子となる者の出生事項中，届出人の資格氏名が「母の親権者父何某届出」と記載されている場合において，養親の戸籍に移記する際は，届出人の氏名を省略して「母の親権者父届出」と移記して差し支えないというものです。

本例は，特別養子の出生事項中の届出人の資格氏名のうち，氏名を省略し「母の親権者父」と移記します。また，【入籍日】の記録は，移記を要しません（５の⑴エの事例（79頁）参照）。

ウ　特別養子となった者が日本人父の胎児認知により日本国籍を取得した外国人母の嫡出でない子である場合において，その子の出生事項を移記する場合

図46-① 特別養子の従前のコンピュータシステムによる証明書記載例

除　　籍	（1の1）　全 部 事 項 証 明
本　　籍 氏　　名	大阪府大阪市北区西天満二丁目6番地 乙川　英助
戸籍事項 　戸籍編製 　戸籍消除	 【編製日】令和4年5月14日 【消除日】令和7年3月26日
戸籍に記録されている者 除　　籍	【名】英助 【生年月日】令和4年5月5日 【父】乙川孝助 【母】アーティアート，マリア 【続柄】長男
身分事項 　出　　生	 【出生日】令和4年5月5日 【出生地】大阪府大阪市北区 【母の国籍】フィリピン共和国 【母の生年月日】西暦1996年12月24日 【届出日】令和4年5月14日 【届出人】母
認　　知	【胎児認知日】令和3年10月15日 【認知者氏名】乙川孝助 【認知者の戸籍】大阪府大阪市北区西天満二丁目6番地　乙川孝助
特別養子縁組	【特別養子縁組の裁判確定日】令和7年3月15日 【届出日】令和7年3月20日 【届出人】養父母 【送付を受けた日】令和7年3月26日 【受理者】東京都千代田区長 【新本籍】大阪府大阪市北区西天満二丁目6番地 【縁組後の氏】甲野
	以下余白

発行番号000001

図46-②　特別養子の新戸籍のコンピュータシステムによる証明書記載例

除　　籍	（１の１）　全 部 事 項 証 明
本　　籍 氏　　名	大阪府大阪市北区西天満二丁目６番地 甲野　英助
戸籍事項 　戸籍編製 　戸籍消除	 【編製日】令和７年３月２６日 【消除日】令和７年３月２６日
戸籍に記録されている者 除　　籍	【名】英助 【生年月日】令和４年５月５日 【父】甲野義太郎 【母】甲野梅子 【続柄】長男
身分事項 　出　　生	 【出生日】令和４年５月５日 【出生地】大阪府大阪市北区 【届出日】令和４年５月１４日 【届出人】母
特別養子縁組	【特別養子縁組の裁判確定日】令和７年３月１５日 【養父氏名】甲野義太郎 【養母氏名】甲野梅子 【届出日】令和７年３月２０日 【届出人】父母 【送付を受けた日】令和７年３月２６日 【受理者】東京都千代田区長 【従前戸籍】大阪府大阪市北区西天満二丁目６番地　乙川英助 【入籍戸籍】東京都千代田区平河町一丁目４番地　甲野義太郎
	以下余白

発行番号０００００１

図46-③ 養親のコンピュータシステムによる証明書記載例

（1の1） 全 部 事 項 証 明

本　　　籍 氏　　　名	東京都千代田区平河町一丁目４番地 甲野　義太郎
戸籍事項 　戸籍編製	（編製事項省略）
戸籍に記録されている者	【名】英助 【生年月日】令和４年５月５日 【父】甲野義太郎 【母】甲野梅子 【続柄】長男
身分事項 　出　　生	【出生日】令和４年５月５日 【出生地】大阪府大阪市北区 【届出日】令和４年５月１４日 【届出人】母
民法８１７条の２	【民法８１７条の２による裁判確定日】令和７年３月１５日 【届出日】令和７年３月２０日 【届出人】父母 【従前戸籍】大阪府大阪市北区西天満二丁目６番地　甲野英助
	以下余白

発行番号０００００１

図46-①は，特別養子の従前のコンピュータシステムによる証明書記載例を示したものです。

図46-②は，特別養子の新戸籍編製後のコンピュータシステムによる証明書記載例を示したものです。

図46-③は，養親の戸籍に入籍後のコンピュータシステムによる証明書記載例を示したものです。

本例は，日本人父の胎児認知により日本国籍を取得した外国人母の嫡出でない子が特別養子縁組により，前例と同様，新戸籍を編製し，養親の戸籍に入籍する原則的な取扱いですが，出生事項中に出生子の母を特定するため，【母の国籍】及び【母の生年月日】の記録がある場合において，新戸籍及び養親戸籍における出生事項の移記記録例です。

本例は，前例と同様の考え方により，出生事項の移記に当たっては，特別養子となり，特別養親の嫡出子となったものですから，通常の嫡出子と同様の記録として差し支えないと考えます（戸籍813号54頁参照）。

また，特別養子縁組が成立すると，実方の父母及びその血族との親族関係が終了し，特別養親との間において嫡出親子関係が生じますので，認知事項（本例では，胎児認知事項）は，嫡出でない子についての移記事項ですから，認知事項の移記は要しないことになります（戸規39条１項２号）。

本例は，特別養子の出生事項を移記するには母の国籍及び生年月日を省略し，嫡出子と同様の移記となります。

(5) 婚姻に関する事項

ア 同籍内婚姻をしている場合

図47-① 移記前のコンピュータシステムによる証明書記載例

（1の1） 全 部 事 項 証 明

本　　籍 氏　　名	東京都千代田区平河町一丁目４番地 甲野　英助
戸籍事項 　戸籍編製	 【編製日】平成２９年2月１０日
戸籍に記録されている者	【名】英助 【生年月日】平成４年６月２１日　　【配偶者区分】夫 【父】乙川忠治 【母】乙川冬子 【続柄】二男 【養父】甲野義太郎 【養母】甲野梅子 【続柄】養子
身分事項 　出　　生	(出生事項省略)
養子縁組	(養子縁組事項省略)
婚　　姻	【婚姻日】平成２９年2月１０日 【配偶者氏名】甲野竹子 【従前戸籍】東京都千代田区平河町一丁目４番地　甲野義太郎
戸籍に記録されている者	【名】竹子 【生年月日】平成８年５月８日　　【配偶者区分】妻 【父】甲野義太郎 【母】甲野梅子 【続柄】長女
身分事項 　出　　生	(出生事項省略)
婚　　姻	【婚姻日】平成２９年2月１０日 【配偶者氏名】甲野英助 【従前戸籍】東京都千代田区平河町一丁目４番地　甲野義太郎
	以下余白

発行番号０００００１

図47-②　移記後のコンピュータシステムによる証明書記載例

（1の1）	全　部　事　項　証　明
本　　　籍 氏　　　名	千葉県千葉市中央区千葉港５番地 甲野　英助
戸籍事項 転　　籍	（転籍事項省略）
戸籍に記録されている者	【名】英助 【生年月日】平成４年６月２１日　　　【配偶者区分】夫 【父】乙川忠治 【母】乙川冬子 【続柄】二男 【養父】甲野義太郎 【養母】甲野梅子 【続柄】養子
身分事項 出　　生	（出生事項省略）
養子縁組	（養子縁組事項省略）
婚　　姻	【婚姻日】平成２９年２月１０日 【配偶者氏名】甲野竹子 【従前戸籍】東京都千代田区平河町一丁目４番地　甲野義太郎
戸籍に記録されている者	【名】竹子 【生年月日】平成８年５月８日　　　【配偶者区分】妻 【父】甲野義太郎 【母】甲野梅子 【続柄】長女
身分事項 出　　生	（出生事項省略）
婚　　姻	【婚姻日】平成２９年２月１０日 【配偶者氏名】甲野英助 【従前戸籍】東京都千代田区平河町一丁目４番地　甲野義太郎
	以下余白

発行番号０００００１

図47-①は，移記前のコンピュータシステムによる証明書記載例を示したものです。

図47-②は，移記（転籍）後のコンピュータシステムによる証明書記載例を示したものです。

本例は，同籍内婚姻による記録がある場合です。

戸籍用紙を用いて処理している場合の同籍内婚姻をしたときの記載は，筆頭者の配偶者については，「同籍甲野英助と婚姻届出入籍」（参考記載例番号126参照）とし，従前戸籍の表示の記載を省略しています。これは，筆頭者の身分事項欄の記載を確認することで従前戸籍が分かるということと戸籍記載の経済性を考慮したものと思われます。コンピュータシステムによる証明書記載例では，筆頭者及びその配偶者とも【従前戸籍】の表示をすることとしています。

この戸籍が，管外転籍するときの紙戸籍の記載は，筆頭者の配偶者については「甲野英助と婚姻届出入籍」とし，「同籍」の記載を省略します。

本例は，従前のコンピュータシステムによる証明書記載例のとおり移記します。

イ　外国人配偶者の氏名が，本国法上の効果により日本人配偶者の称している氏に変更され，申出によりその旨の記録がされている場合

図48-①　移記前のコンピュータシステムによる証明書記載例

（1の1）　全部事項証明

本　　籍 氏　　名	東京都千代田区平河町一丁目４番地 甲野　義太郎
戸籍事項 　戸籍編製	 【編製日】令和４年６月１６日
戸籍に記録されている者	【名】義太郎 【生年月日】平成６年６月２１日　　　【配偶者区分】夫 【父】甲野幸雄 【母】甲野松子 【続柄】長男
身分事項 　出　　生	 （出生事項省略）
婚　　姻	【婚姻日】令和４年４月１０日 【配偶者氏名】アーティアート，マリア 【配偶者の国籍】フィリピン共和国 【配偶者の生年月日】西暦１９９５年１２月２４日 【婚姻の方式】フィリピン共和国の方式 【証書提出日】令和４年５月１０日 【送付を受けた日】令和４年６月１６日 【受理者】在マニラ総領事 【従前戸籍】東京都千代田区平河町一丁目４番地　甲野幸雄
配偶者の氏名変更	【記録日】令和５年１０月２０日 【変更後の氏名】甲野，マリア
	以下余白

発行番号０００００１

図48-② 移記後のコンピュータシステムによる証明書記載例

<table>
<tr><td colspan="2" align="right">(1の1)　全 部 事 項 証 明</td></tr>
<tr><td>本　　籍
氏　　名</td><td>千葉県千葉市中央区千葉港５番地
甲野　義太郎</td></tr>
<tr><td>戸籍事項
転　　籍</td><td>(転籍事項省略)</td></tr>
<tr><td>戸籍に記録されている者</td><td>【名】義太郎

【生年月日】平成６年６月２１日　　【配偶者区分】夫
【父】甲野幸雄
【母】甲野松子
【続柄】長男</td></tr>
<tr><td>身分事項
出　　生</td><td>(出生事項省略)</td></tr>
<tr><td>婚　　姻</td><td>【婚姻日】令和４年４月１０日
【配偶者氏名】アーティアート，マリア
【配偶者の国籍】フィリピン共和国
【配偶者の生年月日】西暦１９９５年１２月２４日
【婚姻の方式】フィリピン共和国の方式
【証書提出日】令和４年５月１０日
【送付を受けた日】令和４年６月１６日
【受理者】在マニラ総領事
【従前戸籍】東京都千代田区平河町一丁目４番地　甲野幸雄</td></tr>
<tr><td>配偶者の氏名変更</td><td>【変更後の氏名】甲野，マリア</td></tr>
<tr><td></td><td align="right">以下余白</td></tr>
</table>

発行番号０００００１

図48-①は，移記前のコンピュータシステムによる証明書記載例を示したものです。

図48-②は，移記（転籍）後のコンピュータシステムによる証明書記載例を示したものです。

本例は，外国人配偶者の氏名が，本国法上の効果により日本人配偶者の称している氏に変更され，申出によりその旨の記録がある場合です。

外国人と婚姻した日本人から，その戸籍の身分事項欄に外国人である配偶者の氏名が本国法上の効果として日本人配偶者の氏に変更したとして，配偶者の氏変更記録申出があった場合は，その証明書を添付して変更後の氏名を記録することができ，併せて，変更後の氏名を日本人である配偶者の氏（漢字）を用いて表記されたい旨の申出があったときは，変更後の氏名を漢字を用いて記録することができるとされています（昭和55年８月27日民二第5218号通達記三）。

上記のような記録がある戸籍について，転籍により新戸籍を編製する場合，配偶者の氏変更事項を移記するには，タイトル【配偶者の氏名変更】とし，インデックスは【変更後の氏名】として移記します。【記録日】は，申出により職権をもって戸籍に記録した日ですから，移記すべき戸籍には，この事項は移記不要となります。

なお，この配偶者の氏名変更事項を婚姻事項中の【配偶者氏名】に引き直して移記をしないように注意する必要があります。【配偶者氏名】を現在の氏名に引き直して移記をする例は，次の外国人配偶者が帰化等により日本国籍を取得した場合です。

本例は，移記前の戸籍の配偶者の氏名変更中の【記録日】を除いて移記します。

ウ　外国人配偶者が帰化している場合

a　外国人妻が帰化により日本人夫の戸籍に入籍している場合

図49-①　移記前のコンピュータシステムによる証明書記載例

（1の1）　全 部 事 項 証 明

本　　籍 氏　　名	東京都千代田区平河町一丁目４番地 甲野　義太郎
戸籍事項 戸籍編製	【編製日】平成２７年４月２０日
戸籍に記録されている者	【名】義太郎 【生年月日】昭和６３年６月２１日　　【配偶者区分】夫 【父】甲野幸雄 【母】甲野松子 【続柄】長男
身分事項 出　　生	（出生事項省略）
婚　　姻	【婚姻日】平成２７年４月２０日 【配偶者氏名】李京姫 【配偶者の国籍】韓国 【配偶者の生年月日】西暦１９９２年1月２０日 【従前戸籍】東京都千代田区平河町一丁目４番地　甲野幸雄
配偶者の帰化	【配偶者の帰化日】令和５年３月４日 【配偶者氏名】甲野京子
戸籍に記録されている者	【名】京子 【生年月日】平成４年１月２０日　　【配偶者区分】妻 【父】李大昌 【母】金行順 【続柄】長女
身分事項 出　　生	（出生事項省略）
婚　　姻	【婚姻日】平成２７年４月２０日 【配偶者氏名】甲野義太郎
帰　　化	【帰化日】令和５年３月４日 【届出日】令和５年３月２４日 【帰化の際の国籍】韓国 【従前の氏名】李京姫
	以下余白

発行番号０００００１

図49-②　移記後のコンピュータシステムによる証明書記載例

（1の1）	全 部 事 項 証 明
本　　籍 氏　　名	千葉県千葉市中央区千葉港５番地 甲野　義太郎
戸籍事項 転　　籍	（転籍事項省略）
戸籍に記録されている者	【名】義太郎 【生年月日】昭和６３年６月２１日　　【配偶者区分】夫 【父】甲野幸雄 【母】甲野松子 【続柄】長男
身分事項 出　　生	（出生事項省略）
婚　　姻	【婚姻日】平成２７年４月２０日 【配偶者氏名】甲野京子 【従前戸籍】東京都千代田区平河町一丁目４番地　甲野幸雄
戸籍に記録されている者	【名】京子 【生年月日】平成４年１月２０日　　【配偶者区分】妻 【父】李大昌 【母】金行順 【続柄】長女
身分事項 出　　生	（出生事項省略）
婚　　姻	【婚姻日】平成２７年４月２０日 【配偶者氏名】甲野義太郎
	以下余白

発行番号０００００１

図49-①は，移記前のコンピュータシステムによる証明書記載例を示したものです。

図49-②は，移記（転籍）後のコンピュータシステムによる証明書記載例を示したものです。

本例は，外国人妻が帰化により日本人夫の戸籍に入籍している旨の記録がある場合です。

外国人妻が帰化により日本人夫の戸籍に入籍した後，管外転籍により新戸籍を編製する場合は，従前戸籍の夫の身分事項欄に記録されている婚姻事項中【配偶者の国籍】及び【配偶者の生年月日】の記録を省略し，【配偶者の氏名】は，従前の氏名を帰化後の氏名に引き直して移記することになります（昭和36年２月21日民事二発第118号回答）。

本例は，「【配偶者氏名】李京姫」とあるのを「【配偶者氏名】甲野京子」と引き直して移記します。

なお，夫の身分事項欄の妻の帰化事項及び妻の身分事項欄の帰化事項は，それぞれ移記を要しません。

b　外国人夫の帰化により日本人妻が夫の帰化後の新戸籍に入籍する場合及びその戸籍が転籍する場合

図50-①　夫の帰化前の妻のコンピュータシステムによる証明書記載例

除　　籍	（１の１）　全 部 事 項 証 明
本　　籍 氏　　名	京都府京都市北区小山初音町２０番地 乙野　梅子
戸籍事項 　戸籍編製 　戸籍消除	 【編製日】平成２５年４月２２日 【消除日】令和３年３月２５日
戸籍に記録されている者 除　　籍	【名】梅子 【生年月日】昭和６３年１月２０日　　【配偶者区分】妻 【父】乙野忠治 【母】乙野春子 【続柄】長女
身分事項 　出　　生	 （出生事項省略）
婚　　姻	【婚姻日】平成２５年４月２０日 【配偶者氏名】李義男 【配偶者の国籍】韓国 【配偶者の生年月日】１９８６年６月２１日 【送付を受けた日】平成２５年４月２２日 【受理者】大阪府大阪市北区長 【従前戸籍】京都府京都市北区小山初音町１８番地　乙野忠治
配偶者の帰化	【届出日】令和３年３月２０日 【除籍事由】夫の帰化届出 【配偶者氏名】甲野義太郎 【送付を受けた日】令和３年３月２５日 【受理者】東京都千代田区長 【新本籍】東京都千代田区平河町一丁目４番地 【称する氏】夫の氏
	以下余白

発行番号０００００１

図50-② 夫の帰化による夫婦の新戸籍のコンピュータシステムによる証明書記載例

（1の1） 全部事項証明

本籍 氏名	東京都千代田区平河町一丁目４番地 甲野　義太郎
戸籍事項 戸籍編製	【編製日】令和３年３月２０日
戸籍に記録されている者	【名】義太郎 【生年月日】昭和６１年６月２１日　【配偶者区分】夫 【父】李大昌 【母】金行順 【続柄】長男
身分事項 出生	(出生事項省略)
婚姻	【婚姻日】平成２５年４月２０日 【配偶者氏名】乙野梅子 【受理者】大阪府大阪市北区長
帰化	【帰化日】令和３年３月４日 【届出日】令和３年３月２０日 【帰化の際の国籍】韓国 【従前の氏名】李義男
戸籍に記録されている者	【名】梅子 【生年月日】昭和６３年１月２０日　【配偶者区分】妻 【父】乙野忠治 【母】乙野春子 【続柄】長女
身分事項 出生	(出生事項省略)
婚姻	【婚姻日】平成２５年４月２０日 【配偶者氏名】甲野義太郎 【受理者】大阪府大阪市北区長
配偶者の帰化	【入籍日】令和３年３月２０日 【入籍事由】夫の帰化届出 【従前戸籍】京都府京都市北区小山初音町２０番地　乙野梅子
	以下余白

発行番号０００００１

図50－③　転籍後のコンピュータシステムによる証明書記載例

（１の１）　全 部 事 項 証 明

本　　　籍 氏　　　名	千葉県千葉市中央区千葉港５番地 甲野　義太郎
戸籍事項 転　　籍	（転籍事項省略）
戸籍に記録されている者	【名】義太郎 【生年月日】昭和６１年６月２１日　　【配偶者区分】夫 【父】李大昌 【母】金行順 【続柄】長男
身分事項 出　　生	（出生事項省略）
婚　　姻	【婚姻日】平成２５年４月２０日 【配偶者氏名】乙野梅子 【受理者】大阪府大阪市北区長
戸籍に記録されている者	【名】梅子 【生年月日】昭和６３年１月２０日　　【配偶者区分】妻 【父】乙野忠治 【母】乙野春子 【続柄】長女
身分事項 出　　生	（出生事項省略）
婚　　姻	【婚姻日】平成２５年４月２０日 【配偶者氏名】甲野義太郎 【受理者】大阪府大阪市北区長 【入籍日】令和３年３月２０日 【従前戸籍】京都府京都市北区小山初音町２０番地　乙野梅子
	以下余白

発行番号０００００１

図50-①は，夫の帰化前の妻のコンピュータシステムによる証明書記載例を示したものです。

図50-②は，夫の帰化による夫婦の新戸籍のコンピュータシステムによる証明書記載例を示したものです。

図50-③は，転籍後のコンピュータシステムによる証明書記載例を示したものです。

本例は，外国人夫と婚姻し新戸籍が編製された日本人妻が，夫の帰化により夫の帰化後の新戸籍に入籍している場合です。

外国人夫の帰化により夫の氏を称する氏の合意に基づき夫について新戸籍を編製し，日本人妻がその新戸籍に入籍するときは，妻の婚姻事項中の【配偶者氏名】を帰化後の夫の氏名に引き直して移記します。また，本例のように婚姻の届出地の本籍地と帰化による新戸籍編製地の本籍地が異なるときは，婚姻事項中に【受理者】の表示をします。もっとも，これらは，帰化者の身分証明書に登載されています。

次に，管外転籍により新戸籍を編製する場合は，日本人妻の婚姻事項は，婚姻事項と帰化による入籍事項を一事項（一般の婚姻入籍事項）に引き直して移記して差し支えないとされています（昭和40年６月２日民事甲第1079号回答)。この場合，紙戸籍による移記後の記載例は，「平成25年４月20日甲野義太郎と婚姻大阪市北区長へ届出令和３年３月20日京都市北区小山初音町20番地乙野梅子戸籍から入籍㊞」となります。

本例は，妻の婚姻事項中に配偶者の帰化による【入籍日】と【従前戸籍】の表示を組み込んで移記します。

なお，夫の身分事項欄の帰化事項及び妻の身分事項欄の配偶者の帰化事項は，それぞれ移記を要しません。

エ　戸籍法第107条第１項の規定による氏の変更及び夫婦の一方の名の変更により婚姻事項中の配偶者の氏又は名が更正されている場合

図51−①　移記前のコンピュータシステムによる証明書記載例

（２の１）　全　部　事　項　証　明

本　　籍 氏　　名	東京都千代田区平河町一丁目４番地 河野　義太郎
戸籍事項 　戸籍編製 　氏の変更	 【編製日】平成３１年４月１０日 【氏変更日】令和元年１０月７日 【氏変更事由】戸籍法１０７条１項の届出 【従前の記録】 　【氏】甲野
戸籍に記録されている者	【名】義太郎 【生年月日】昭和６２年６月２１日　【配偶者区分】夫 【父】甲野幸雄 【母】甲野松子 【続柄】長男
身分事項 　出　生	 （出生事項省略）
婚　姻	【婚姻日】平成３１年４月１０日 【配偶者氏名】乙野梅世 【従前戸籍】東京都千代田区平河町一丁目４番地　甲野幸雄
更　正	【更正日】令和３年２月１６日 【更正事由】妻名変更 【従前の記録】 　【配偶者氏名】乙野梅子
戸籍に記録されている者	【名】梅世 【生年月日】平成３年１月８日　【配偶者区分】妻 【父】乙野忠治 【母】乙野春子 【続柄】長女
身分事項 　出　生	 （出生事項省略）
婚　姻	【婚姻日】平成３１年４月１０日 【配偶者氏名】河野義太郎 【従前戸籍】京都府京都市北区小山初音町１８番地　乙野忠治
更　正	【更正日】令和元年１０月７日

発行番号０００００１　　以下次頁

（2の2）　全部事項証明

名の変更	【更正事由】氏変更 【従前の記録】 　　【配偶者氏名】甲野義太郎
	【名の変更日】令和３年２月１６日 【従前の記録】 　　【名】梅子
	以下余白

発行番号０００００１

図51-② 移記後のコンピュータシステムによる証明書記載例

（1の1）　全 部 事 項 証 明

本　　籍 氏　　名	千葉県千葉市中央区千葉港５番地 河野　義太郎
戸籍事項 　氏の変更 　転　　籍	 【氏変更日】令和元年１０月７日 【氏変更事由】戸籍法１０７条１項の届出 （転籍事項省略）
戸籍に記録されている者	【名】義太郎 【生年月日】昭和６２年６月２１日　　【配偶者区分】夫 【父】甲野幸雄 【母】甲野松子 【続柄】長男
身分事項 　出　　生	 （出生事項省略）
婚　　姻	【婚姻日】平成３１年４月１０日 【配偶者氏名】乙野梅世 【従前戸籍】東京都千代田区平河町一丁目４番地　甲野幸雄
戸籍に記録されている者	【名】梅世 【生年月日】平成３年１月８日　　【配偶者区分】妻 【父】乙野忠治 【母】乙野春子 【続柄】長女
身分事項 　出　　生	 （出生事項省略）
婚　　姻	【婚姻日】平成３１年４月１０日 【配偶者氏名】河野義太郎 【従前戸籍】京都府京都市北区小山初音町１８番地　乙野忠治
名の変更	【名の変更日】令和３年２月１６日
	以下余白

発行番号０００００１

図51-①は，移記前のコンピュータシステムによる証明書記載例を示したものです。

図51-②は，移記（転籍）後のコンピュータシステムによる証明書記載例を示したものです。

本例は，戸籍法第107条第１項の規定による氏の変更及び夫婦の一方の名の変更による婚姻事項中の配偶者の氏又は名の更正事項の記録がある場合です。

戸籍法第107条第１項の規定による氏の変更又は同法第107条の２の規定による名の変更をした場合には，婚姻事項中の配偶者の氏又は名を申出により更正することができる（平成４年３月30日民二第1607号通達）とされています。この氏又は名の変更があった場合の更正の申出は，①氏又は名の変更届と同時に，②氏又は名の変更届出後に，③新戸籍編製等の事由となる届出と同時にと，いつでもできるとされています。

前記通達によれば，婚姻事項中の配偶者の氏又は名の記録を更正した者について，転籍等による新戸籍の編製，他の戸籍への入籍又は戸籍の再製により婚姻事項を移記する場合は，氏又は名の記録の更正事由の移記は要せず，更正後の氏又は名に引き直して移記するとしています（戸籍592号18頁）。

本例は，婚姻事項をそのまま移記することになります。

なお，氏の変更事項及び名の変更事項は，移記しなければならない事項（戸規37条１号・39条１項８号）ですから，移記遺漏のないように注意を要します。

(6)　親権・未成年者の後見に関する事項

ア　父母離婚の際，子の親権者を父と定め，その子が親権者である父の代諾により養子縁組した後，離縁によって父の戸籍に復籍する場合

図52-①　養親戸籍のコンピュータシステムによる証明書記載例

（1の1）　全部事項証明

本　　籍 氏　　名	東京都千代田区平河町一丁目4番地 甲野　義太郎
戸籍事項 　戸籍編製	（編製事項省略）
〜〜〜	〜〜〜
戸籍に記録されている者 除　　籍	【名】英助 【生年月日】平成２８年2月１２日 【父】乙川孝助 【母】丙山竹子 【続柄】二男 【養父】甲野義太郎 【養母】甲野梅子 【続柄】養子
身分事項 　出　　生	（出生事項省略）
養子縁組	【縁組日】平成３０年6月１０日 【養父氏名】甲野義太郎 【養母氏名】甲野梅子 【代諾者】親権者父 【従前戸籍】大阪府大阪市北区西天満二丁目6番地　乙川孝助
養子離縁	【離縁日】令和5年3月１７日 【養父氏名】甲野義太郎 【養母氏名】甲野梅子 【協議者】親権者となるべき父 【入籍戸籍】大阪府大阪市北区西天満二丁目6番地　乙川孝助
	以下余白

発行番号０００００１

図52-② 復籍戸籍のコンピュータシステムによる証明書記載例

（2の1）　全 部 事 項 証 明

本　　籍 氏　　名	大阪府大阪市北区西天満二丁目６番地 乙川　孝助
戸籍事項 戸籍編製	（編製事項省略）
〜〜〜	〜〜〜
戸籍に記録されている者 除　　籍	【名】英助 【生年月日】平成２８年２月１２日 【父】乙川孝助 【母】乙川竹子 【続柄】二男
身分事項 出　　生	（出生事項省略）
親　　権	【親権者を定めた日】平成３０年４月２５日 【親権者】父 【届出人】父母
養子縁組	【縁組日】平成３０年６月１０日 【養父氏名】甲野義太郎 【養母氏名】甲野梅子 【代諾者】親権者父 【送付を受けた日】平成３０年６月１４日 【受理者】東京都千代田区長 【入籍戸籍】東京都千代田区平河町一丁目４番地　甲野義太郎
戸籍に記録されている者	【名】英助 【生年月日】平成２８年２月１２日 【父】乙川孝助 【母】丙山竹子 【続柄】二男
身分事項 出　　生	（出生事項省略）
養子離縁	【離縁日】令和５年３月１７日 【養父氏名】甲野義太郎 【養母氏名】甲野梅子 【協議者】親権者となるべき父 【送付を受けた日】令和５年３月２０日 【受理者】東京都千代田区長 【従前戸籍】東京都千代田区平河町一丁目４番地　甲野義太

発行番号０００００１　　以下次頁

（2の2）　全 部 事 項 証 明

	郎
親　　権	【親権に服した日】令和５年３月１７日 【親権者】父 【記録日】令和５年３月２０日
	以下余白

発行番号０００００１

図52-①は，養親戸籍のコンピュータシステムによる証明書記載例を示したものです。

図52-②は，復籍戸籍のコンピュータシステムによる証明書記載例を示したものです。

本例は，父母離婚の際，子の親権者を父と定め，その子が親権者である父の代諾により養子縁組した後，離縁によって父の戸籍に復籍する場合です。

15歳未満の養子が離縁をする時は，養子の離縁後にその法定代理人となるべき者が養子に代わって離縁の協議をしなければならない（民法811条２項）とされています。

離縁後に法定代理人となるべき者は，通常は実親です。本例は，養子の実父母が離婚しており，離婚の際に実父が親権者と定められ，実父が法定代理人として縁組の代諾をしたものです。この場合，離縁後に法定代理人となるべき者は，実父母離婚時に親権者と定められた者の親権が回復することになります（昭和26年１月10日民事甲第3419号回答(1)の(イ)）ので，本例では実父が離縁後に法定代理人となるべき者になります。

本例のような協議離縁の場合は，離縁届書の「その他」欄に，「養子は，離縁により父の親権に服する。」旨を記載し，市区町村長限りの職権により離縁後の養子の身分事項欄に親権に関する記録をすることになります。紙戸籍により処理している場合の記載例は，「令和５年３月17日父の親権に服するに至る同月20日記載㊞」となります（昭和31年１月６日民事二発第436号回答）。

本例は，離縁事項を記録し，親権事項を職権で記録することになります。

イ　未成年後見が開始し，その後，未成年後見人更迭事項がある場合

図53-①　移記前のコンピュータシステムによる証明書記載例

（1の1）　全 部 事 項 証 明

本　　籍 氏　　名	東京都千代田区平河町一丁目４番地 甲野　啓太郎
戸籍事項 　戸籍編製	 （編製事項省略）
戸籍に記録されている者	【名】啓太郎 【生年月日】平成２３年１０月１５日 【父】甲野義太郎 【母】甲野梅子 【続柄】長男
身分事項 　出　　生	 （出生事項省略）
養子離縁	【離縁日】令和３年８月７日 【養父氏名】乙川忠一 【養母氏名】乙川冬子 【協議者】未成年後見人となるべき者　甲原孝吉 【従前戸籍】東京都千代田区平河町二丁目１０番地　乙川忠一
未成年者の後見	【未成年後見人就職日】令和３年８月７日 【未成年者の後見開始事由】親権を行う者がないため 【未成年後見人】甲原孝吉 【未成年後見人の戸籍】千葉県千葉市中央区千葉港５番地　甲原忠太郎 【届出日】令和３年８月７日
未成年者の後見	【未成年後見人更迭事由の発生日】令和７年１０月７日 【更迭事由】未成年後見人の死亡 【前任の未成年後見人】甲原孝吉 【後任の未成年後見人就職日】令和７年１２月１日 【未成年後見人】乙原高助 【未成年後見人の戸籍】千葉県千葉市中央区千葉港１２番地　乙原高助 【届出日】令和７年１２月５日
	以下余白

発行番号０００００１

図53-② 移記後のコンピュータシステムによる証明書記載例

(1の1) 全 部 事 項 証 明

本　　籍 氏　　名	千葉県千葉市中央区千葉港１２番地 甲野　啓太郎
戸籍事項 　転　　籍	【転籍日】令和９年３月３０日 【従前本籍】東京都千代田区平河町一丁目４番地
戸籍に記録されている者	【名】啓太郎 【生年月日】平成２３年１０月１５日 【父】甲野義太郎 【母】甲野梅子 【続柄】長男
身分事項 　出　　生	(出生事項省略)
未成年者の後見	【未成年後見人就職日】令和３年８月７日 【未成年者の後見開始事由】親権を行う者がないため 【未成年後見人】甲原孝吉 【未成年後見人の戸籍】千葉県千葉市中央区千葉港５番地 　甲原忠太郎 【届出日】令和３年８月７日
未成年者の後見	【未成年後見人更迭事由の発生日】令和７年１０月７日 【更迭事由】未成年後見人の死亡 【前任の未成年後見人】甲原孝吉 【後任の未成年後見人就職日】令和７年１２月１日 【未成年後見人】乙原高助 【未成年後見人の戸籍】千葉県千葉市中央区千葉港１２番地 　　乙原高助 【届出日】令和７年１２月５日
	以下余白

発行番号０００００１

図53-①は，移記前のコンピュータシステムによる証明書記載例を示したものです。

図53-②は，移記（転籍）後のコンピュータシステムによる証明書記載例を示したものです。

本例は，未成年後見が開始し，その後，未成年後見人更迭事項がある場合です。

転籍の届出は，戸籍の筆頭者が15歳未満のときは法定代理人が，15歳以上の未成年者であれば，法定代理人の同意を要しないで自ら転籍の届出をすることができる（昭和23年10月15日民事甲第660号回答）とされています。

未成年者の後見に関する事項は，現に未成年者である者について移記することになります（戸規39条１項５号）。

本例のように，未成年後見事項及び未成年後見更迭事項がある場合については，未成年後見更迭事項のみを移記したのでは，いつ未成年後見が開始したかが明確ではありませんので，未成年後見事項を移記するとともに，未成年後見人の更迭があった場合は，それをも移記することになります。

本例は，離縁事項を除き，未成年者の後見事項全てを移記することになります。

(7) 推定相続人廃除に関する事項

図54-① 移記前のコンピュータシステムによる証明書記載例

（1の1） 全 部 事 項 証 明

本　　籍 氏　　名	東京都千代田区平河町一丁目４番地 甲野　義太郎
戸籍事項 　戸籍編製	（編製事項省略）
戸籍に記録されている者	【名】啓太郎 【生年月日】平成６年１０月１５日 【父】甲野義太郎 【母】甲野梅子 【続柄】長男
身分事項 　出　　生	（出生事項省略）
推定相続人廃除	【推定相続人廃除の裁判確定日】令和３年９月１４日 【被相続人】父　甲野義太郎 【届出日】令和３年９月１６日 【届出人】父
	以下余白

発行番号０００００１

図54-②　移記後のコンピュータシステムによる証明書記載例

（1の1）　全 部 事 項 証 明

本　　籍 氏　　名	大阪府大阪市北区西天満二丁目6番地 甲野　義太郎
戸籍事項 転　　籍	（転籍事項省略）
〜〜〜	〜〜〜
戸籍に記録されている者	【名】啓太郎 【生年月日】平成6年10月15日 【父】甲野義太郎 【母】甲野梅子 【続柄】長男
身分事項 出　　生	（出生事項省略）
推定相続人廃除	【推定相続人廃除の裁判確定日】令和3年9月14日 【被相続人】父　甲野義太郎 【届出日】令和3年9月16日 【届出人】父
	以下余白

発行番号000001

図54-①は，移記前のコンピュータシステムによる証明書記載例を示したものです。

図54-②は，移記（転籍）後のコンピュータシステムによる証明書記載例を示したものです。

本例は，推定相続人廃除事項の記録がある場合です。

推定相続人廃除とは，遺留分を有する推定相続人（相続が開始した場合に相続人となる被相続人の配偶者，直系尊属及び直系卑属のことをいいます。）が，被相続人に対して虐待をし，若しくはこれに重大な侮辱を加えたとき，又は推定相続人にその他の著しい非行があったときは，被相続人は，その推定相続人の廃除を家庭裁判所に請求することができます（民法892条）。また，遺言をもって廃除の意思表示をすることもできます（この場合は，遺言執行者が廃除の請求をしなければなりませんので，遺言で遺言執行者を指定しておく必要があります。）（民法893条）。

推定相続人廃除の審判が確定すると，廃除された者は，廃除を請求した者にかかる相続権を失うことになりますが，その者に直系卑属があるときは，その者が相続人となります。

推定相続人廃除事項は，常に移記事項となります（戸規39条１項６号）。

この届出は，事件数が極めて少ない（全国で年間二桁台の件数）ため，見落としのないように注意する必要があります。

本例は，従前戸籍の記録のとおり移記することになります。

なお，推定相続人廃除の取消しがされている場合は，両事項とも移記事項ではありません。

(8) 日本国籍の選択宣言及び外国国籍の喪失に関する事項

ア　日本国籍の選択宣言の記録がある場合

図55-① 移記前のコンピュータシステムによる証明書記載例

（1の1）　全部事項証明

本　　籍 氏　　名	東京都千代田区平河町一丁目４番地 甲野　義太郎
戸籍事項 　戸籍編製	(編製事項省略)
〜〜〜	〜〜〜
戸籍に記録されている者	【名】一郎 【生年月日】平成２２年１０月１５日 【父】甲野義太郎 【母】ベルナール，マリア 【続柄】長男
身分事項 　出　　生	(出生事項省略)
国籍取得	(国籍取得事項省略)
国籍選択	【国籍選択の宣言日】令和５年９月１４日 【届出人】親権者父母
	以下余白

発行番号０００００１

図55-② 移記後のコンピュータシステムによる証明書記載例

（1の1） 全 部 事 項 証 明

本　　籍 氏　　名	大阪府大阪市北区西天満二丁目６番地 甲野　義太郎
戸籍事項 転　　籍	（転籍事項省略）
〜〜〜〜〜〜	〜〜〜〜〜〜
戸籍に記録されている者	【名】一郎 【生年月日】平成２２年１０月１５日 【父】甲野義太郎 【母】ベルナール，マリア 【続柄】長男
身分事項 出　　生	（出生事項省略）
国籍選択	【国籍選択の宣言日】令和５年９月１４日 【届出人】親権者父母
	以下余白

発行番号０００００１

図55-①は，移記前のコンピュータシステムによる証明書記載例を示したものです。

図55-②は，移記（転籍）後のコンピュータシステムによる証明書記載例を示したものです。

本例は，日本国籍の選択宣言事項の記録がある場合です。

国籍選択とは，日本国籍と外国国籍を有する日本国民が，日本国籍か外国国籍かのいずれかの国籍を選択することです。国籍選択の届出は，重国籍者が日本国籍を選択し，外国の国籍を放棄する旨を宣言する届出です（戸籍法104条の２）。

重国籍者は，重国籍になった時が20歳（令和４年４月１日からは，18歳）に達する以前であるときは22歳（令和４年４月１日からは，20歳）に達するまでに，その時が20歳（令和４年４月１日からは，18歳）に達した後であるときはその時から２年以内に，いずれかの国籍を選択しなければならない（国籍法14条１項）としています。日本の国籍の選択は，外国の国籍を離脱することによるほかは，戸籍法の定めるところにより（戸籍法104条の２），この国籍選択届をすることによってする（国籍法14条２項）ことになります。

日本国籍の選択宣言は，選択の宣言をしようとする者が，戸籍法第104条の２の規定により市区町村長に届出をすることによってされます。この場合，届出人が，15歳以上であるときは本人が，15歳未満であるときはその法定代理人が届出することになります。

この届出に基づく戸籍の記録により，その者の日本国籍が確定したことが登録公証され，国籍選択の催告（国籍法15条１項）を受けることがなくなります。

この国籍選択事項は，重要な身分事項であり，常に移記事項となります（戸規39条１項７号）。

本例は，従前戸籍の記録のとおり移記することになります。

なお，本例は，国籍取得事項の記録がありますが，これは移記事項ではありませんので，移記を要しないことになります。

イ　外国国籍の喪失事項の記録がある場合

図56-① 移記前のコンピュータシステムによる証明書記載例

（1の1）　全 部 事 項 証 明

本　　　籍	東京都千代田区平河町一丁目４番地
氏　　　名	甲野　義太郎
戸籍事項 　戸籍編製	 （編製事項省略）
戸籍に記録されている者	【名】啓太郎 【生年月日】平成１３年６月２１日 【父】甲野義太郎 【母】甲野梅子 【続柄】長男
身分事項 　出　　生	 （出生事項省略）
外国国籍喪失	【外国籍喪失日】令和５年５月６日 【喪失した外国籍】アメリカ合衆国 【届出日】令和５年６月１日 【送付を受けた日】令和５年６月５日 【受理者】東京都世田谷区長
	以下余白

発行番号０００００１

図56－②　移記後のコンピュータシステムによる証明書記載例

（１の１）　全部事項証明

本　　　籍 氏　　　名	大阪府大阪市北区西天満二丁目６番地 甲野　義太郎
戸籍事項 　転　　籍	（転籍事項省略）
〜〜〜	〜〜〜
戸籍に記録されている者	【名】啓太郎 【生年月日】平成１３年６月２１日 【父】甲野義太郎 【母】甲野梅子 【続柄】長男
身分事項 　出　　生	（出生事項省略）
外国国籍喪失	【外国籍喪失日】令和５年５月６日 【喪失した外国籍】アメリカ合衆国 【届出日】令和５年６月１日 【送付を受けた日】令和５年６月５日 【受理者】東京都世田谷区長
	以下余白

発行番号０００００１

図56-①は，移記前のコンピュータシステムによる証明書記載例を示したものです。

図56-②は，移記（転籍）後のコンピュータシステムによる証明書記載例を示したものです。

本例は，外国国籍の喪失事項の記録がある場合です。

外国国籍喪失届は，外国の国籍を有していた日本国民が，外国の国籍を喪失したことを報告する届出です（戸籍法106条）。

外国の国籍を有する日本人が外国の国籍を離脱することは，日本の国籍の選択の一方法です（国籍法14条２項）。外国の国籍の喪失には，離脱（放棄）に限らず，その他の理由で当該外国の国籍を喪失した場合も含まれます。例えば，外国によっては，国籍剥奪の制度のある国もありますから，当該国で国籍を剥奪された場合も含まれます。また，日本国籍の選択宣言をしたことによって，外国国籍を喪失する法制の国にあっては，その場合も含まれます。

この外国国籍の喪失に関する事項は，重要な身分事項であり，常に移記事項となります（戸規39条１項７号）。

本例は，従前戸籍の記録のとおり移記することになります。

⑼　名の変更に関する事項

図57－①　移記前のコンピュータシステムによる証明書記載例

（1の1）　全 部 事 項 証 明

本　　籍 氏　　名	東京都千代田区平河町一丁目４番地 甲野　鉄夫
戸籍事項 　戸籍編製	（編製事項省略）
戸籍に記録されている者	【名】鉄夫 【生年月日】昭和３２年６月２１日　　【配偶者区分】夫 【父】甲野幸雄 【母】甲野松子 【続柄】二男
身分事項 　出　　生	（出生事項省略）
婚　　姻	（婚姻事項省略）
名の変更	【名の変更日】令和３年１１月４日 【送付を受けた日】令和３年１１月７日 【受理者】東京都葛飾区長 【従前の記録】 　【名】迭夫
	以下余白

発行番号０００００１

図57－② 移記後のコンピュータシステムによる証明書記載例

（1の1）　全部事項証明

本　　籍 氏　　名	大阪府大阪市北区西天満二丁目６番地 甲野　鉄夫
戸籍事項 　転　　籍	（転籍事項省略）
戸籍に記録されている者	【名】鉄夫 【生年月日】昭和３２年６月２１日　　【配偶者区分】夫 【父】甲野幸雄 【母】甲野松子 【続柄】二男
身分事項 　出　　生	（出生事項省略）
婚　　姻	（婚姻事項省略）
名の変更	【名の変更日】令和３年１１月４日 【送付を受けた日】令和３年１１月７日 【受理者】東京都葛飾区長
	以下余白

発行番号０００００１

図57−①は，移記前のコンピュータシステムによる証明書記載例を示したものです。

図57−②は，移記（転籍）後のコンピュータシステムによる証明書記載例を示したものです。

本例は，名の変更事項の記録がある場合です。

名の変更届出については，記載例に変遷があります。この記載例の変遷については，拙著「実務戸籍記載の移記」463頁を参照してください。

旧法当時の名の変更は，都道府県知事の許可によってその変更の効力が生じましたので，その記載例も現行とは違い，紙戸籍の場合は，「昭和20年５月10日許可により同月15日名を「義太郎」と変更届出」と記載（旧法戸籍は，改製されていますので，現行記載例に引き直しています。）していました。このような記載がある場合において，これをコンピュータ戸籍に改製するに当たっては，

名の変更	【名の変更日】昭和２０年５月１０日 【許可日】昭和２０年５月１０日 【特記事項】昭和２０年５月１５日届出

と記録されていますので，転籍等の場合は，これをそのまま移記することになります。

現行の名の変更は，家庭裁判所の変更許可によってその変更の効力が生ずるものではなく，届出によって効力が生ずる創設的届出ですから，届出日と変更日が同一になります。

名の変更事項を移記するときは，移記前の戸籍の【従前の記録】を省略して移記することになります。送付事項がないときは，単に，

名の変更	【名の変更日】令和４年９月１６日

となります。

⑽　性別の取扱いに関する事項

図58-①　性別変更前の戸籍のコンピュータシステムによる証明書記載例

除　　籍	（1の1）　全部事項証明
本　　籍 氏　　名	東京都千代田区平河町一丁目４番地 甲野　義太郎
戸籍事項 　戸籍編製 　戸籍消除	 （編製事項省略） 【消除日】令和６年１０月１２日
戸籍に記録されている者 除　　籍	【名】義太郎 【生年月日】昭和６２年１１月１０日 【父】甲野幸雄 【母】甲野梅子 【続柄】長男
身分事項 　出　　生	 （出生事項省略）
婚　　姻	（婚姻事項省略）
離　　婚	（離婚事項省略）
平成１５年法律第１１１号３条	【平成１５年法律第１１１号３条による裁判確定日】令和６年１０月６日 【記録嘱託日】令和６年１０月１２日 【新本籍】東京都千代田区平河町一丁目４番地
戸籍に記録されている者 除　　籍	【名】梅子 【生年月日】平成元年４月４日 【父】乙野忠治 【母】乙野春子 【続柄】長女
身分事項 　出　　生	 （出生事項省略）
婚　　姻	（婚姻事項省略）
離　　婚	（離婚事項省略）
	以下余白

発行番号０００００１

図58－②　性別変更後の新戸籍のコンピュータシステムによる証明書記載例

（1の1）　全 部 事 項 証 明

本　　　籍 氏　　　名	東京都千代田区平河町一丁目４番地 甲野　久美子
戸籍事項 　戸籍編製	【編製日】令和６年１０月１２日
戸籍に記録されている者	【名】久美子 【生年月日】昭和６２年１１月１０日 【父】甲野幸雄 【母】甲野梅子 【続柄】長女
身分事項 　出　　生	（出生事項省略）
平成１５年法律第１１１号３条	【平成１５年法律第１１１号３条による裁判確定日】令和６年１０月６日 【記録嘱託日】令和６年１０月１２日 【従前戸籍】東京都千代田区平河町一丁目４番地　甲野義太郎 【従前の記録】 　【父母との続柄】長男
名の変更	【名の変更日】令和６年１０月２６日 【従前の記録】 　【名】義太郎
	以下余白

発行番号０００００１

図58－③　移記（転籍）後のコンピュータシステムによる証明書記載例

（1の1）　全部事項証明

本　　籍 氏　　名	千葉県千葉市中央区千葉港１０番地 甲野　久美子
戸籍事項 　転　　籍	 （転籍事項省略）
戸籍に記録されている者	【名】久美子 【生年月日】昭和６２年１１月１０日 【父】甲野幸雄 【母】甲野梅子 【続柄】長女
身分事項 　出　　生	 （出生事項省略）
平成１５年法律第１１１号３条	【平成１５年法律第１１１号３条による裁判確定日】令和６年１０月６日 【記録嘱託日】令和６年１０月１２日 【従前戸籍】東京都千代田区平河町一丁目４番地　甲野義太郎
名の変更	【名の変更日】令和６年１０月２６日
	以下余白

発行番号０００００１

図58-①は，性別変更前の戸籍のコンピュータシステムによる証明書記載例を示したものです。

図58-②は，性別変更後の新戸籍のコンピュータシステムによる証明書記載例を示したものです。

図58-③は，移記（転籍）後のコンピュータシステムによる証明書記載例を示したものです。

本例は，性同一性障害者の性別の取扱いの特例に関する法律（平成15年法律第111号，平成16年７月16日施行。以下「特例法」という。）により性別が変更された旨の記録がある場合です。

特例法は，性同一性障害者に関する法令上の性別の取扱いの変更を認める特例について定めるものです。特例法に基づき性同一性障害者の性別の取扱いの変更が認められた場合，その者は，民法その他の法令の規定の適用については，法律に別段の定めがある場合を除き，その性別につき他の性別に変わったものとみなされることになります。

性別の取扱いの変更の審判があった場合には，裁判所書記官から当該審判を受けた者の本籍地の市区町村長に対し，戸籍の記載の嘱託がされることになります。

戸籍の記録方法については，次のようになります（その者について新戸籍を編製する場合）。

①　性別の取扱いの変更（男から女）の審判があった場合において，当該審判を受けた者（以下「変更者」という。）の戸籍に在る者又は在った者が他にあるときは，変更者の身分事項欄に性別変更の裁判が確定した旨を記録し，変更者を除籍した上，従前の本籍と同一の場所を本籍として，変更者を筆頭者とする新戸籍を編製します（特例法附則第４項）。

②　新戸籍においては，身分事項欄に性別変更の裁判が確定した旨を記録し，父母との続柄の記録を更正します（例えば，「長男」を「長女」に更正します。）。更正前の父母との続柄は，【従前の記録】として表示します。

③　変更者が転籍した場合には，性別の取扱いの変更に関する事項は，転籍後の戸籍の身分事項欄に移記しますが，父母との続柄の記録は，更正後の記録をもって移記することになります。この場合，【従前の記録】

は，移記を要しません。

本例は，性別変更の審判があり裁判所書記官から当該審判が確定したことから，戸籍記録の嘱託がされ，新戸籍を編製し，その後，転籍があった場合です。

本例は，上記の説明のとおり，【従前の記録】を除き，移記します。

⑾ 追完に関する事項

ア 出生に関する事項の追完事項

a 出生により外国の国籍を取得した日本人で外国で出生した者について法定期間内に届出がされ，その後，国籍留保の旨の追完の記録がある場合

本例については，第6の5⑴イｃ（66頁図14）を参照してください。

b ａの出生届出が法定期間経過後にされ，戸籍法第104条第３項に該当する国籍留保の記録がある場合

本例については，第6の5⑴イｄ（70頁図15）を参照してください。

c 嫡出でない子の父の氏名が戸籍に記録されていない場合において，事実主義法制に基づき父の氏名を記録する旨の追完の記録がある場合

本例については，第6の5⑴ク（91頁図22）を参照してください。

イ 養子縁組に関する事項の追完事項

a 未成年者の母が代諾した15歳未満の子の養子縁組届が誤って受理された後，養子縁組当時母について選任されていた未成年後見人が代諾した追完の記録がある場合

本例については，第6の5⑶のキａ（157頁図40）を参照してください。

b 15歳以上の未成年者の養子縁組届をその法定代理人である親権者が代諾して届け出てこれが誤って受理された後，養子自らが縁組する旨の追完の記録がある場合

本例については，第6の5⑶のキｂ（161頁図41）を参照してください。

c 15歳未満の子が戸籍上の父母の代諾によって養子縁組した後，その子と戸籍上の父母との間に親子関係不存在確認の裁判による戸籍訂正がさ

れた後，正当な代諾権者である父母から縁組を代諾する旨の追完の記録がある場合

本例については，第6の5(3)のキｃ（164頁図42）を参照してください。

ｄ　15歳未満の子が戸籍上の父母の代諾によって養子縁組した後，その子と戸籍上の父母との間に親子関係不存在確認の裁判による戸籍訂正がされた後，15歳以上になった養子自らが縁組する旨の追完の記録がある場合

本例については，第6の5(3)のキｄ（166頁図42）を参照してください。

ｅ　外国人夫婦の養子となった縁組届出後，実方の血族との親族関係が終了する旨の追完の記録がある場合

本例については，第6の5(3)のキｅ（167頁図43）を参照してください。

6　戸籍に記録されている者欄

(1)　父母欄の氏名

ア　父母の氏名が誤字・俗字等の場合

(ア)　誤字の場合

コンピュータ戸籍に改製されれば，誤字は皆無になると思っていましたが，明らかに誤字と思われる字体を用いて，紙戸籍からコンピュータ戸籍に移記されているのをよく見かけました。以前，公証事務に携わっていた際，遺言公正証書の作成嘱託を依頼されましたが，相続させる旨の遺言の場合は，必ず戸籍を持参していただいておりました。少なくとも，公正証書遺言の作成には，コンピュータ戸籍と平成改製原戸籍は必需品，といっても過言ではありませんでした。

公正証書遺言の作成嘱託に当たっては，本人及び受遺者・受遺相続人の特定のためには，一般的に戸籍と同一字種・字体で作成することを原則（私は）としていましたので，まず，戸籍に目を通しました。正字であるときは安心ですが，誤字のとき（パソコンで変換できない文字のとき）は，表外漢字（外字）を作成しなくてはならないのです。事前に相談があるときは，作成日までに外字を作れますが，すぐに作成してほしいと

いう要望のときには大変苦労をしていました。少なくとも，父母欄の父母の氏名は，対応する字種字体で記録していただきたいものと今でも思っています。

戸籍事務の取扱いは，父母の氏名が，コンピュータ戸籍に誤字を用いて移記されていても，新たに戸籍を編製するとき又は他の戸籍に入籍するときは，これに対応する字種及び字体による正字又は別表に掲げる文字で記録するとされています（平成２年10月20日民二第5200号通達第１の２⑴）。

⑷　俗字等の場合

父母の氏名が俗字等で記録されている場合において，以下のときは，そのまま記録するものとされています（前記通達第１の１）。

すなわち，①漢和辞典に俗字として登載されている文字（別表に掲げる文字（著者注；149文字）を除く。）であるとき，これに②「示」（しめすへん），「辶」（２点しんにょう），「飠」（しょくへん），「青」（あおへん）を構成部分にもつ正字の当該部分がそれぞれ「ネ」，「辶」，「飠」又は「青」と記録されている文字であるときです。この①の文字と②の文字を併せたものを「俗字等」といいます。

イ　父母が離婚している場合

図59-①　移記前のコンピュータシステムによる証明書記載例

	（1の1）　全 部 事 項 証 明
本　　　籍 氏　　　名	東京都千代田区平河町一丁目４番地 甲野　義太郎
戸籍事項 　戸籍編製	 （編製事項省略）
戸籍に記録されている者	【名】義太郎 【生年月日】平成２年６月２６日 【父】甲野幸雄 【母】甲野松子 【続柄】長男
身分事項 　出　　生	 （出生事項省略）
婚　　姻	（婚姻事項省略）
離　　婚	（離婚事項省略）
戸籍に記録されている者 除　　籍	【名】梅子 【生年月日】平成３年１月８日 【父】乙野忠治 【母】乙野春子 【続柄】長女
身分事項 　出　　生	 （出生事項省略）
婚　　姻	（婚姻事項省略）
離　　婚	（離婚事項省略）
戸籍に記録されている者	【名】啓太郎 【生年月日】平成３０年１１月１５日 【父】甲野義太郎 【母】甲野梅子 【続柄】長男
身分事項 　出　　生	 （出生事項省略）
親　　権	（親権事項省略）
	以下余白

発行番号０００００１

図59－②　移記後のコンピュータシステムによる証明書記載例

（1の1）　全部事項証明

本　　　籍 氏　　　名	千葉県千葉市中央区千葉港１０番地 甲野　義太郎
戸籍事項 　転　　籍	（転籍事項省略）
戸籍に記録されている者	【名】義太郎 【生年月日】平成２年６月２６日 【父】甲野幸雄 【母】甲野松子 【続柄】長男
身分事項 　出　　生	（出生事項省略）
戸籍に記録されている者	【名】啓太郎 【生年月日】平成３０年１１月１５日 【父】甲野義太郎 【母】乙野梅子 【続柄】長男
身分事項 　出　　生 　親　　権	（出生事項省略） （親権事項省略）
	以下余白

発行番号０００００１

図59-①は，移記前のコンピュータシステムによる証明書記載例を示したものです。

図59-②は，移記（転籍）後のコンピュータシステムによる証明書記載例を示したものです。

本例は，父母が離婚している記録がある場合です。

父母欄に父母の氏名を記録するには，出生当時の父母の氏名を記録するのではなく，届出時の父母の氏名を記録することとされています。これは，古くからの取扱いです（明治32年11月９日民刑第1960号回答等）。

本例の移記方法は，転籍時の母の氏を確認の上，処理することになります。

なお，父母が離婚している場合において，コンピュータ戸籍に改製の際は，母の身分事項欄を確認（離婚により復氏したか又は離婚の届出と同時に戸籍法77条の２の届出をしたか。）の上，記録することで差し支えないと考えます。

⑵　養父母欄の氏名

ア　養父母の氏名が誤字・俗字等の場合

㈠　誤字の場合

戸籍事務の取扱いは，養父母の氏名が，コンピュータ戸籍に誤字を用いて移記されていても，新たに戸籍を編製するとき又は他の戸籍に入籍するときは，これに対応する字種及び字体による正字又は別表に掲げる文字で記録するとされています（平成２年10月20日民二第5200号通達第１の２⑴）。

㈡　俗字等の場合

養父母の氏名が俗字等で記録されている場合において，以下のときは，そのまま記録するものとされています（前記通達第１の１）。

すなわち，①漢和辞典に俗字として登載されている文字（別表に掲げる文字（著者注；149文字）を除く。）であるとき，これに②「礻」（しめすへん），「辶」（２点しんにょう），「飠」（しょくへん），「青」（あおへん）を構成部分にもつ正字の当該部分がそれぞれ「ネ」，「辶」，「食」又は「青」と記録されている文字であるときです。この①の文字と②の文字を併せたものを「俗字等」といいます。

イ　養父母が離婚している場合

図60-①　移記前のコンピュータシステムによる証明書記載例

（２の１）　全 部 事 項 証 明

本　　　籍 氏　　　名	東京都千代田区平河町一丁目４番地 甲野　義太郎
戸籍事項 　戸籍編製	（編製事項省略）
戸籍に記録されている者	【名】義太郎 【生年月日】平成２年６月２６日 【父】甲野幸雄 【母】甲野松子 【続柄】長男
身分事項 　出　　生	（出生事項省略）
婚　　姻	（婚姻事項省略）
養子縁組	（養子縁組事項省略）
離　　婚	（離婚事項省略）
戸籍に記録されている者 除　　籍	【名】梅子 【生年月日】平成３年１月８日 【父】乙野忠治 【母】乙野春子 【続柄】長女
身分事項 　出　　生	（出生事項省略）
婚　　姻	（婚姻事項省略）
養子縁組	（養子縁組事項省略）
離　　婚	（離婚事項省略）
戸籍に記録されている者	【名】英助 【生年月日】平成３０年１１月１５日 【父】乙川孝助 【母】乙川冬子 【続柄】二男 【養父】甲野義太郎 【養母】甲野梅子 【続柄】養子

発行番号０００００１　　　　以下次頁

（2の2）　全 部 事 項 証 明

身分事項	
出　　生	（出生事項省略）
養子縁組	（養子縁組事項省略）
親　　権	（親権事項省略）
	以下余白

発行番号000001

図60-②　移記後のコンピュータシステムによる証明書記載例

（１の１）　全　部　事　項　証　明

本　　　籍 氏　　　名	千葉県千葉市中央区千葉港１０番地 甲野　義太郎
戸籍事項 　転　　籍	 （転籍事項省略）
戸籍に記録されている者	【名】義太郎 【生年月日】平成２年６月２６日 【父】甲野幸雄 【母】甲野松子 【続柄】長男
身分事項 　出　　生	 （出生事項省略）
戸籍に記録されている者	【名】英助 【生年月日】平成３０年１１月１５日 【父】乙川孝助 【母】乙川冬子 【続柄】二男 【養父】甲野義太郎 【養母】乙野梅子 【続柄】養子
身分事項 　出　　生	 （出生事項省略）
養子縁組	（養子縁組事項省略）
親　　権	（親権事項省略）
	以下余白

発行番号０００００１

図60-①は，移記前のコンピュータシステムによる証明書記載例を示したものです。

図60-②は，移記（転籍）後のコンピュータシステムによる証明書記載例を示したものです。

本例は，養父母が離婚している記録がある場合です。

養父母欄に養父母の氏名を記録するには，縁組当時の養父母の氏名を記録するのではなく，届出時の養父母の氏名を記録することになります（前例(1)イ（226頁）の説明参照）。

本例の移記方法は，離婚復氏（又は戸籍法77条の2の届出により称している氏）した養母の氏を確認の上，処理することになります。

なお，養父母が離婚している場合，紙戸籍からコンピュータ戸籍に改製の際は，養母（又は養父）の身分事項欄を確認（離婚により復氏したか又は離婚の届出と同時に戸籍法77条の2の届出をしたか。）の上，移記することで差し支えないと考えます。

ウ　転縁組により他の戸籍に入籍する場合

図61－①　第１の縁組戸籍のコンピュータシステムによる証明書記載例

（１の１）　全 部 事 項 証 明

本　　籍 氏　　名	東京都千代田区平河町一丁目４番地 甲野　義太郎
戸籍事項 　戸籍編製	（編製事項省略）
〜〜〜〜〜〜	〜〜〜〜〜〜
戸籍に記録されている者 除　　籍	【名】英助 【生年月日】平成２０年７月１１日 【父】乙川孝助 【母】乙川冬子 【続柄】二男 【養父】甲野義太郎 【養母】甲野梅子 【続柄】養子
身分事項 　出　　生	（出生事項省略）
養子縁組	【縁組日】平成３０年３月２５日 【養父氏名】甲野義太郎 【養母氏名】甲野梅子 【代諾者】親権者父母 【従前戸籍】大阪府大阪市北区西天満二丁目６番地　乙川孝助
養子縁組	【縁組日】令和７年１２月１５日 【養父氏名】丙山三郎 【送付を受けた日】令和７年１２月１８日 【受理者】京都府京都市北区長 【入籍戸籍】京都府京都市北区小山初音町１０番地　丙山三郎
	以下余白

発行番号０００００１

図61－②　転縁組後のコンピュータシステムによる証明書記載例

（１の１）　全部事項証明

本　　籍 氏　　名	京都府京都市北区小山初音町１０番地 丙山　三郎
戸籍事項 　戸籍編製	（編製事項省略）
戸籍に記録されている者	【名】英助 【生年月日】平成２０年７月１１日 【父】乙川孝助 【母】乙川冬子 【続柄】二男 【養父】丙山三郎 【続柄】養子
身分事項 　出　　生	（出生事項省略）
養子縁組	【縁組日】平成３０年３月２５日 【養父氏名】甲野義太郎 【養母氏名】甲野梅子 【代諾者】親権者父母 【従前戸籍】大阪府大阪市北区西天満二丁目６番地　乙川孝助
養子縁組	【縁組日】令和７年１２月１５日 【養父氏名】丙山三郎 【従前戸籍】東京都千代田区平河町一丁目４番地　甲野義太郎
	以下余白

発行番号０００００１

図61－①は，第１の縁組戸籍のコンピュータシステムによる証明書記載例を示したものです。

図61－②は，転縁組後のコンピュータシステムによる証明書記載例を示したものです。

本例は，転縁組により入籍する場合において，入籍戸籍における養父母欄の記録例を示したものです。

転縁組する場合は，入籍する戸籍の養親の氏名を記録することになります。また，夫婦が養子となる転縁組の場合も同様です。

エ　養父母離婚後，養父の後妻と縁組している場合

図62-①　移記前のコンピュータシステムによる証明書記載例

（1の1）　全 部 事 項 証 明

本　　籍 氏　　名	東京都千代田区平河町一丁目４番地 甲野　義太郎
戸籍事項 　戸籍編製	（編製事項省略）
〜〜〜	〜〜〜
戸籍に記録されている者	【名】英助 【生年月日】平成１７年７月１１日 【父】乙川孝助 【母】乙川冬子 【続柄】二男 【養父】甲野義太郎 【養母】甲野竹子 【続柄】養子
身分事項 　出　　生	（出生事項省略）
養子縁組	【縁組日】平成２９年３月２５日 【養父氏名】甲野義太郎 【養母氏名】甲野梅子 【代諾者】親権者父母 【従前戸籍】大阪府大阪市北区西天満二丁目６番地　乙川孝助
親　　権	【親権者を定めた日】令和４年１月３０日 【親権者】養父　甲野義太郎 【届出人】養父　甲野義太郎 【届出人】養母　乙野梅子
養子縁組	【縁組日】令和５年１２月１日 【養母氏名】甲野竹子 【養母の戸籍】東京都千代田区平河町一丁目４番地　甲野義太郎
親　　権	【共同親権に服した日】令和５年１２月１日 【親権者】養父母 【記録日】令和５年１２月１日 【特記事項】養母との縁組による養父母の共同親権
	以下余白

発行番号０００００１

図62-②　移記後のコンピュータシステムによる証明書記載例

（1の1）　全部事項証明

本　　籍 氏　　名	大阪府大阪市北区西天満二丁目７番地 甲野　義太郎
戸籍事項 　戸籍編製	（編製事項省略）
戸籍に記録されている者	【名】英助 【生年月日】平成１７年７月１１日 【父】乙川孝助 【母】乙川冬子 【続柄】二男 【養父】甲野義太郎 【養母】甲野竹子 【続柄】養子
身分事項 　出　　生	（出生事項省略）
養子縁組	【縁組日】平成２９年３月２５日 【養父氏名】甲野義太郎 【養母氏名】乙野梅子 【代諾者】親権者父母 【従前戸籍】大阪府大阪市北区西天満二丁目６番地　乙川孝助
養子縁組	【縁組日】令和５年１２月１日 【養母氏名】甲野竹子 【養母の戸籍】東京都千代田区平河町一丁目４番地　甲野義太郎
	以下余白

発行番号０００００１

図62-①は，移記前のコンピュータシステムによる証明書記載例を示したものです。

図62-②は，移記（転籍）後のコンピュータシステムによる証明書記載例を示したものです。

本例は，養父母離婚後，養父の後妻と縁組している記録がある場合です。

養父母離婚後，養母の後夫と更に縁組して養母の後夫（養父）の戸籍に入籍する養子の養父母欄の記載は，養父母欄を設け，養父欄には養母の後夫の氏名を記載し，養母欄には養母の名を記載するとされています（昭和26年５月17日～18日仙台法務局管内12回戸協決議，同27年１月21日法務府民事局変更指示）。

また，未成年の養子が更に他の者と養子縁組をした後，前の養親と後の養親とが婚姻した場合は，前の養親と後の養親は共同して親権を行う（昭和23年10月25日民事甲第2242号回答一）とされています。本例も養父の後妻と養子縁組しましたので，養父母の共同親権に服することになりましたので，親権事項は，移記事項ではありません。

本例は，上記の先例のとおり，養父母の氏名を記録（移記）するときは，現に夫婦である養父母の氏名を記録します。もっとも，従前戸籍の養父母欄は，既に養母の氏名が養父の後妻の氏名になっていますので，そのまま移記することになります。

オ　死後離縁された亡養子の養父母欄の記録

図63-①　移記前のコンピュータシステムによる証明書記載例

（1の1）　全部事項証明

本　　籍 氏　　名	東京都千代田区平河町一丁目１０番地 甲野　義二郎
戸籍事項 　戸籍編製	【編製日】平成１９年１０月１日
戸籍に記録されている者 除　　籍	【名】義二郎 【生年月日】昭和３５年３月６日 【父】乙野一雄 【母】乙野竹子 【続柄】二男 【養父】甲野義太郎 【続柄】養子
身分事項 　出　　生	（出生事項省略）
婚　　姻	（婚姻事項省略）
養子縁組	【縁組日】平成２９年１０月１日 【養父氏名】甲野義太郎 【養親の戸籍】東京都千代田区平河町一丁目４番地　甲野義太郎 【従前戸籍】東京都千代田区平河町一丁目１０番地　乙野義二郎
死　　亡	【死亡日】令和３年４月１０日 【死亡時分】午後１０時３０分 【死亡地】東京都千代田区 【届出日】令和３年４月１１日 【届出人】親族　甲野道子
戸籍に記録されている者	【名】道子 【生年月日】昭和３９年１０月２８日 【父】乙川忠一 【母】乙川秋子 【続柄】二女
身分事項 　出　　生	（出生事項省略）
婚　　姻	（婚姻事項省略）
配偶者の縁組	（入籍事項省略）
配偶者の死亡	【配偶者の死亡日】令和３年４月１０日
	以下余白

発行番号０００００１

図63－②　移記後のコンピュータシステムによる証明書記載例

（1の1）　全部事項証明

本　　籍	大阪府大阪市北区西天満二丁目６番地
氏　　名	甲野　義二郎
戸籍事項 転　　籍	（転籍事項省略）
戸籍に記録されている者 除　　籍	【名】義二郎 【生年月日】昭和３５年３月６日 【父】乙野一雄 【母】乙野竹子 【続柄】二男
戸籍に記録されている者	【名】道子 【生年月日】昭和３９年１０月２８日 【父】乙川忠一 【母】乙川秋子 【続柄】二女
身分事項 出　　生	（出生事項省略）
	以下余白

発行番号０００００１

図63-①は，移記前のコンピュータシステムによる証明書記載例を示したものです。

図63-②は，移記（転籍）後のコンピュータシステムによる証明書記載例を示したものです。

本例は，死後離縁された亡養子の戸籍に養父欄の記録がある場合です。

戸籍の筆頭者となっている養子が死亡後，養父が養子死亡後の離縁，いわゆる死後離縁の手続を行ったことが判明している場合において，転籍地において筆頭者の記録をするに際し，養父欄を設けるかどうかです。

戸籍法第13条第５号は，「養子であるときは，養親の氏名及び養親との続柄」を記載しなければならないと規定しています。また，戸籍法施行規則第39条第１項第３号は，「養子について，現に養親子関係の継続するその養子縁組に関する事項」と規定し，移記事項としています。

ところで，養子が死亡し，養親からの申立てにより死後離縁の許可が家庭裁判所でされ，戸籍の届出がされた場合，亡養子の戸籍には死後離縁の記載はされません（昭和62年10月１日民二第5000号通達第２の２）ので，転籍に当たっての調査において，死後離縁されたかどうかまでは確認することはできないところです。しかし，本例のように死後離縁されていることが判明しているときは，養子縁組が解消されていますので，転籍後の戸籍には，養父母欄を設ける必要はありません（戸籍532号59頁参照）。

本例は，上記のとおり，養父欄の記録は不要となります。

第７　戸籍訂正と身分事項の移記

戸籍訂正とは，戸籍の記載が法律上許されないものであること又はその記載に錯誤若しくは遺漏があることを発見した場合に，法定の手続によって，その記載を訂正することをいいます（戸籍法24条・113条）。

戸籍制度の目的は，日本国民の親族的身分関係を登録・公証することにありますから，その記載が真実であること，すなわち，現実の身分関係と合致していることは，戸籍の使命ということになります。

真実に合致した記載は，戸籍の使命ですから，戸籍訂正がされている事項を移記する場合，移記する場合とは，戸籍訂正によって訂正されている事項を転籍等による新戸籍の編製，他の戸籍への入籍の場合に出生事項等を移記する場合のことです。この場合は，原則として，訂正後の記載で移記することになります。例えば，父母婚姻中の戸籍に出生により入籍している子について，嫡出否認の裁判が確定した場合において，出生の届出を父がしているときは，「父届出」（【届出人】父）となっている「父」の部分を届出人である母の夫「甲野義太郎」と訂正されていますから，この出生事項を移記するときは，「甲野義太郎届出」と，訂正後の記載により移記することになります。もっとも，コンピュータ戸籍の訂正においては，出生事項そのものが「【届出人】父」とあるのを「【届出人】甲野義太郎」とインデックスの記録が訂正後の記録になっていますので，そのまま移記することになります。この点，コンピュータ戸籍の記録が分かりやすくなっています。

このように，戸籍訂正があった場合は，一般的には訂正後の記載（記録）により移記することになります。

しかし，例えば，15歳未満の子が戸籍上の父母の代諾によって養子縁組をした後，その子と父母との間に親子関係不存在確認の裁判が確定した場合に，養子縁組を有効として，養子自らが追認する追完届があった場合において，養子縁組事項を移記するときは，「【代諾者】親権者父母」と届出人の資格の記載を，父母双方との親子関係が否定されたことから，「親権者父母」と記載ができませんので，この部分を「【代諾者】甲野義太郎，【代諾者】甲野梅子」と分けて移記しなければならない場合もあります（前掲164頁図42参照）。

したがって，戸籍訂正されている場合は，原則的には訂正後の記載をそのまま移記すればよい事例が大半ですが，場合によっては引き直して移記しなければならない事項もあることを承知しておくことも大切です。

コンピュータシステムを用いて処理している場合の戸籍訂正は，訂正された事項が【従前の記録】として記録され，訂正部分については訂正後の記録になっていることから，一般的には出生事項等をそのまま移記をすることになります。

著者略歴

新谷　雄彦（にいや　たかひこ）

昭和62年４月　東京法務局民事行政部戸籍課第二係長
平成元年４月　同　　　　　　　　　　　第一係長
同　２年４月　法務省民事局第二課（現民事第一課）指導係長
同　４年４月　同　　　　　　　　　　　　　　　　戸籍総括係長
同　５年４月　衆議院事務局法務委員会調査室
同　７年４月　法務省民事局第二課（現民事第一課）補佐官
同　９年４月　東京法務局民事行政部国籍課長
同　10年４月　東京法務局民事行政部戸籍課長
同　11年４月　長崎地方法務局総務課長
同　13年４月　新潟地方法務局次長
同　15年４月　法務省法務総合研究所研修事務部門首席研修専門官
同　17年４月　金沢地方法務局長
同　19年８月　富山地方法務局魚津公証役場公証人
同　28年８月　公証人退任

全訂第２版
実務 戸籍記載の移記

2002年10月17日　初版発行
2012年７月25日　全訂版発行
2021年２月15日　全訂第２版発行

著　者　新谷雄彦
発行者　和田　裕

発行所　日本加除出版株式会社

本　社　郵便番号 171-8516
東京都豊島区南長崎３丁目16番６号
TEL　(03)3953-5757（代表）
(03)3952-5759（編集）
FAX　(03)3953-5772
URL　www.kajo.co.jp

営業部　郵便番号 171-8516
東京都豊島区南長崎３丁目16番６号
TEL　(03)3953-5642
FAX　(03)3953-2061

組版 ㈱郁文 ／ 印刷 ㈱精興社 ／ 製本 牧製本印刷㈱

落丁本・乱丁本は本社でお取替えいたします。
★定価はカバー等に表示してあります。

Printed in Japan
ISBN978-4-8178-4703-4